I0800677

ARCHITECTURE TODAY
COMMERCIAL SPACES

ARCHITECTURE TODAY
COMMERCIAL SPACES

Editorial coordinator:
Claudia Martínez Alonso

Art director:
Mireia Casanovas Soley

Editor and layout:
David Andreu Bach

Spanish translation:
Macarena Abascal Valdenebro

Editorial project:
2017 © **booq** publishing, S.L.
c/ Domènech, 7-9, 2º 1ª
08012 Barcelona, Spain
T: +34 93 268 80 88
www.booqpublishing.com

ISBN 978-84-9936-081-2 (English edition)
ISBN 978-84-947172-1-5 (Edición española)

The total or partial reproduction of this book without the authorization of the publishers violates the two rights reserved; any use must be requested in advance.
In some cases it might have been impossible to locate copyright owners of the images published in this book. Please contact the publisher if you are the copyright owner in such a case.

Reservados todos los derechos. Queda rigurosamente prohibida, sin la autorización escrita de los titulares del copyright y bajo las sanciones establecidas en las leyes, la reproducción total o parcial de esta obra por cualquier medio o procedimiento, comprendidos la reprografía, el tratamiento informático y la distribución de ejemplares mediante alquiler o préstamo público.

ÉLESZTŐ PROPAGANDA
UNION SZŰRETLEN
GURI MEGGYES
RIZMAJER CORTEZ
CSUPOR BUNNY HOP
CSUPOR WHEATATHATATLAN
STARI SZILVA
MONYÓ INVISIBLE BIKINI
PORTER
MONYÓ SCHATZI
650/1300

FIELDING'S
local
SUSHI
HUB

ANDRÉ KIKOSKI ARCHITECT

180 Varick Street, suite 1316
New York, NY 10014
USA

www.akarch.com

The architecture and design studio André Kikoski Architect is committed to artistic innovation, regardless of the budget or nature of the project. They work with any style or language to create coherent and authentic designs. They design spaces, buildings, and products that are unique. The firm's commitment to researching materials, attention to detail, and satisfying customers has made them the first company to be awarded three of the most prestigious design awards for one project in the same year: Design Magazine's Best of Year Award, the James Beard Foundation Award, and the Gold Key Award.

El estudio de arquitectura y diseño apuesta por la innovación artística, independientemente del presupuesto o de la índole del proyecto. Trabajan con cualquier estilo o lenguaje para crear diseños con coherencia y autenticidad. Idean espacios, edificios y productos que son únicos. La investigación de materiales, la atención al detalle y el enfoque pensado para satisfacer al cliente les ha convertido en la primera empresa ganadora de tres de los premios de diseño más prestigiosos por un solo proyecto en un mismo año: el Design Magazine Best of Year Award, el James Beard Foundation Award y el Gold Key Award.

THE WRIGHT AT THE GUGGENHEIM MUSEUM

SECOND HOME KITCHEN AND BAR

SUBA RESTAURANT

THE WRIGHT AT THE GUGGENHEIM MUSEUM

The studio created a contemporary solution to complement the memorable architecture of the building with a modest budget and 1,600 m^2 (17,222 ft^2) of workspace. The cheerful aspect of these curved forms provides a dynamic experience for visitors. The curved walls have been turned into comfortable seating.
This project was developed with innovative materials such as walnut walls illuminated with fiber optics and a shiny metal skin.

El estudio creó una respuesta contemporánea para complementar la memorable arquitectura del edificio con un presupuesto modesto y 1.600 m^2 de área de trabajo. El aspecto alegre de estas formas curvas ofrece a los visitantes una experiencia dinámica. Las paredes onduladas se han convertido en cómodos asientos.
Este proyecto se elaboró con materiales innovadores, como paredes de nogal iluminadas con fibra óptica y una piel metálica brillante.

Location
New York City, NY, USA

Completion date
2010

Area m^2 / sq ft
1.600 m^2 / 17,222 sq ft

© Photos
Peter Aaron/ESTO

SECOND HOME KITCHEN AND BAR

The restaurant owner asked the design team to create a place that evokes the feeling of being in a guest house or vacation home, rather than that of a typical hotel restaurant. The Rocky Mountains and local art were used as inspiration for the design. They used rich textures like pony leather upholstery, paneled walls, bark tiles, stone, stainless steel, and glass.

El propietario del restaurante pidió al equipo de diseño un lugar que evocara la sensación de estar en una casa de invitados o de vacaciones, pero que no resultara el típico restaurante de un hotel. Para el diseño se inspiraron en las montañas Rocosas y en el arte local.
Utilizaron ricas texturas como la tapicería en piel de poni, paredes revestidas con paneles, baldosas de corteza de árbol, piedra, acero inoxidable y vidrio.

Location
Denver, CO. USA

Completion date
2008

Area m² / sq ft
465 m² / 5,000 sq ft

© Photos
Eric Laignel

SUBA RESTAURANT

In the restaurant Suba, diners are transported from the gritty setting of the Lower East Side of Manhattan to an architectural fantasy inspired by the Romanticism of the Alhambra in Granada, Spain, or Fellini's Rome. The restaurant is divided into three main areas.
Suba has an innovative and elegant atmosphere that captivates the imagination with its sensual and well-lit grotto-like dining room.

En el restaurante Suba, los comensales son transportados desde el entorno arenoso del Lower East Side de Manhattan a una fantasía arquitectónica inspirada en el romanticismo de la Alhambra de Granada en España y en la Roma de Fellini. El restaurante se organiza en tres grandes espacios.
Suba tiene un ambiente innovador y elegante que subyuga la imaginación con su comedor tipo gruta bien iluminado y sensual.

Location
New York City, NY. USA

Completion date
2002

Area m² / sq ft
43.055 m² / 4,000 sq ft

© Photos
Peter Aaron/ESTO

ARCHITEKTUR DENIS KOŠUTIĆ

Florianigasse, 7/8
1080 Vienna
AUSTRIA

www.deniskosutic.com

Denis Košutić was born in 1969 in Zagreb, Croatia. His work is characterized by an "anti-traditional" perception of the role of architecture today. In his self-described "prêt-à-porter architecture," Košutić translates trends in fashion and design to everyday language, and in this process he sees architecture as an object of consumption rather than a monument for eternity. The studio has designed restaurants, clubs, stores, homes, hotels, and furniture. He also works with graphic designers, PR consultants, and furniture makers. His planning includes the development of new strategies, building corporate images and identities, and the invention and establishment of codes that help people. The brands are both unique and in-demand.

El trabajo del croata Denis Košutić se caracteriza por una percepción «antitradicional» del papel de la arquitectura en el mundo actual. En su autodenominada «arquitectura prêt-à-porter», Košutić traduce las tendencias de la moda y el diseño al lenguaje cotidiano, y en ese proceso considera a la arquitectura como un objeto de consumo y no como un monumento para la eternidad. Su planificación incluye la elaboración de nuevas estrategias, la creación de imagen e identidad corporativa y la invención y establecimiento de códigos que contribuyen a que las personas, como las marcas, se sientan únicas y solicitadas. El estudio ha proyectado restaurantes, clubs, tiendas, viviendas, hoteles y mobiliario. Además, coopera con diseñadores gráficos, asesores de relaciones públicas y fabricantes de muebles.

ANDREAS K HAIR STUDIO

ORLANDO DI CASTELLO

SIX HOTEL APARTMENTS

AMICIS BEL ETAGE

ANDREAS K HAIR STUDIO

Different materials in a single color and glossy effects and surfaces have been experimented with in this space. Three-dimensional mirror panels have been mounted on the walls and ceiling, while other panels with mirrors and integrated lighting create new dimensions and surprising perspectives.
White curtains made with a special fabric serve as dividers within the space, creating a cozy and intimate ambience, filtering in soft light suitable for this type of establishment.

En este proyecto se ha experimentado con diferentes materiales en un solo color y efectos y superficies brillantes. Se han montado paneles de espejos tridimensionales en las paredes y en el techo, mientras que otros paneles con espejos e iluminación integrada generan nuevas dimensiones y sorprendentes perspectivas.
Las cortinas blancas confeccionadas con un tejido especial sirven como divisores del espacio, creando, con la luz tenue que se filtra a través de ellas, un ambiente acogedor e íntimo apropiado para este tipo de establecimiento.

Location
Vienna, Austria

Completion date
2007

© Photos
Lea Titz

ORLANDO DI CASTELLO

In the reconstruction of this restaurant, a composition between conflicting concepts has been sought. Here, the objects adopt different functions to the traditional functions and create a surreal atmosphere full of surprises and irony.
The color white is common in all areas. Throughout the room, the lighting changes as does the furniture, such as the different seating for each area.

En la reconstrucción de este restaurante se ha buscado una composición entre conceptos contradictorios. Aquí los objetos adoptan funciones diferentes a las tradicionales y generan una atmósfera surrealista llena de sorpresas y paradojas.
El blanco es el color común en todos los espacios. A lo largo de la sala cambia la iluminación y con ella el mobiliario, como los asientos, que son diferentes para cada área.

Location
Vienna, Austria

Completion date
2009

© Photos
Lea Titz

ODC

AMICIS BEL ETAGE

In the refurbishment of this store located in the center of Vienna, antique furniture coexists with objects from different periods and styles, with various prints, wallpapers, and photo collages to form an elegant setting ideal for a fashion establishment.

There is a careful selection of materials, the lattices, ornaments, and surfaces of which create a sort of third dimension, and stand out from the new technological elements and contemporary furniture.

En la renovación de esta tienda situada en el centro de Viena, las piezas de mobiliario antiguo conviven con objetos de diferentes épocas y estilos, con diversos estampados, papeles pintados y composiciones fotográficas, hasta conformar un escenario elegante ideal para un establecimiento dedicado a la moda.

Se realizó una cuidada selección de materiales, cuyos entramados, ornamentos y superficies generan una especie de tercera dimensión y destacan frente a los nuevos elementos tecnológicos y el mobiliario contemporáneo.

Location
Vienna, Austria

Completion date
2010

© Photos
Lea Titz

AREA-17
ARCHITECTURE & INTERIORS

Via Tevere, 60
50019 Sesto Fiorentino
ITALY

www.area-17.com

Long-term friends with a shared cultural background originating from the University of Florence, the partners of Area-17 banded together to create an international design firm. Founded in Florence in 2004, Area-17 now has offices in Hong Kong, Shanghai, Beijing, Cuenca (Ecuador), and a media-lab in Sassari. Area-17 offers a full architecture and interior design service, their work ethic is rooted in the Italian design culture. They provide their clients with innovative design solutions, fulfilling their emotional, aesthetic, operational, and communication objectives through an inclusive creative process. The firm works across various design-related fields, from architecture to product design, from marketing to education.

Amigos de muchos años y compartiendo un bagaje cultural obtenido en la Universidad de Florencia, los socios del Area-17 se unieron para crear una firma de diseño internacional. Fundada en Florencia en 2004, Area-17 tiene ahora oficinas en Hong Kong, Shanghái, Pekín, Cuenca (Ecuador) y un laboratorio de medios en Sassari. Area-17 es una empresa de servicios integrales de arquitectura y diseño de interiores, cuya filosofía de trabajo tiene sus raíces en la cultura del diseño italiano. Proporciona a sus clientes soluciones de diseño innovadoras, cumpliendo con sus objetivos emocionales, estéticos, operativos y de comunicación a través de un proceso creativo inclusivo. La firma trabaja en varios campos relacionados con el diseño, desde la arquitectura hasta el diseño de productos, desde la comercialización hasta la educación.

JACOB COHEN SHOWROOM

FRANTZÉN'S KITCHEN

MONOPY SHOWROOM

DISPENSA EMILIA

MONOPY SHOWROOM

JACOB COHEN SHOWROOM

JACOB COHËN SHOWROOM

Contemporary lifestyle inspired a project deeply oriented towards spatial and functional flexibility, using adaptable settings revolving around products and people. The design pays tribute to the industrial nature of the building using essential lines and sharp volumes.
Glamorous denim inserts are an explicit reference to Cohën's iconic jeans.

El estilo de vida contemporáneo inspiró un proyecto profundamente orientado a la flexibilidad espacial y funcional, hecho de configuraciones adaptables que giran en torno a productos y personas. El diseño rinde homenaje al carácter industrial del edificio a través de líneas esenciales y volúmenes afilados. Glamurosos apliques de *denim* son referencias explícitas a los pantalones vaqueros icónicos de Cohën.

Location
Milan, Italy

Completion date
2015

Area m² / sq ft
1.500 m² / 16,149 sq ft

© Photos
Pietro Savorelli

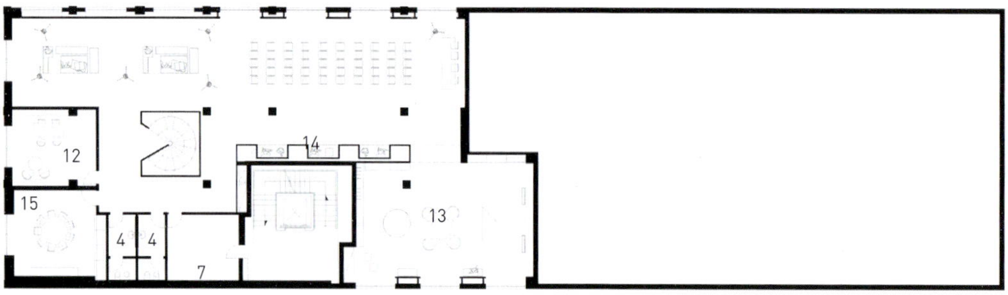

First floor plan

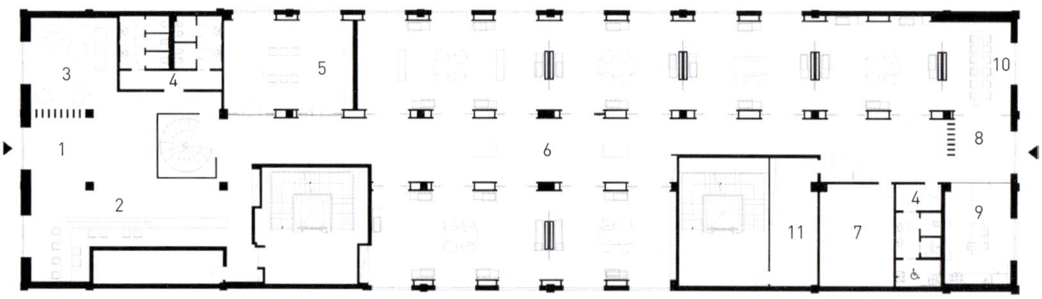

Floor plan

1. Entrance hall
2. Bar-Reception
3. Lounge area
4. Toilet
5. Studio
6. Showroom
7. Storage
8. Service entrance
9. Kitchen
10. Pantry
11. Tech room
12. Office
13. Store mock-up
14. Event-Auditorium
15. Meeting room

MONOPY SHOWROOM

The showroom celebrates the art of ceramic in China through the juxtaposition of elements inspired by the Asian tradition and others, hinting at the technology behind the production process. The concept is synthetized in the Hall of Materials, a deeply emotional environment conceived as a temple celebrating the origin of production.

El *showroom* celebra el arte de la cerámica en China a través de la yuxtaposición de elementos inspirados por la tradición asiática y otras, haciendo alusión a la tecnología que hay detrás del proceso productivo. El concepto se sintetiza en el Salón de Materiales, un ambiente profundamente emocional concebido como un templo que celebra el origen de la producción.

Location
Tangshan, China

Completion date
2016

Area m² / sq ft
600 m² / 6,458 sq ft

© Photos
Francesco Tarentini

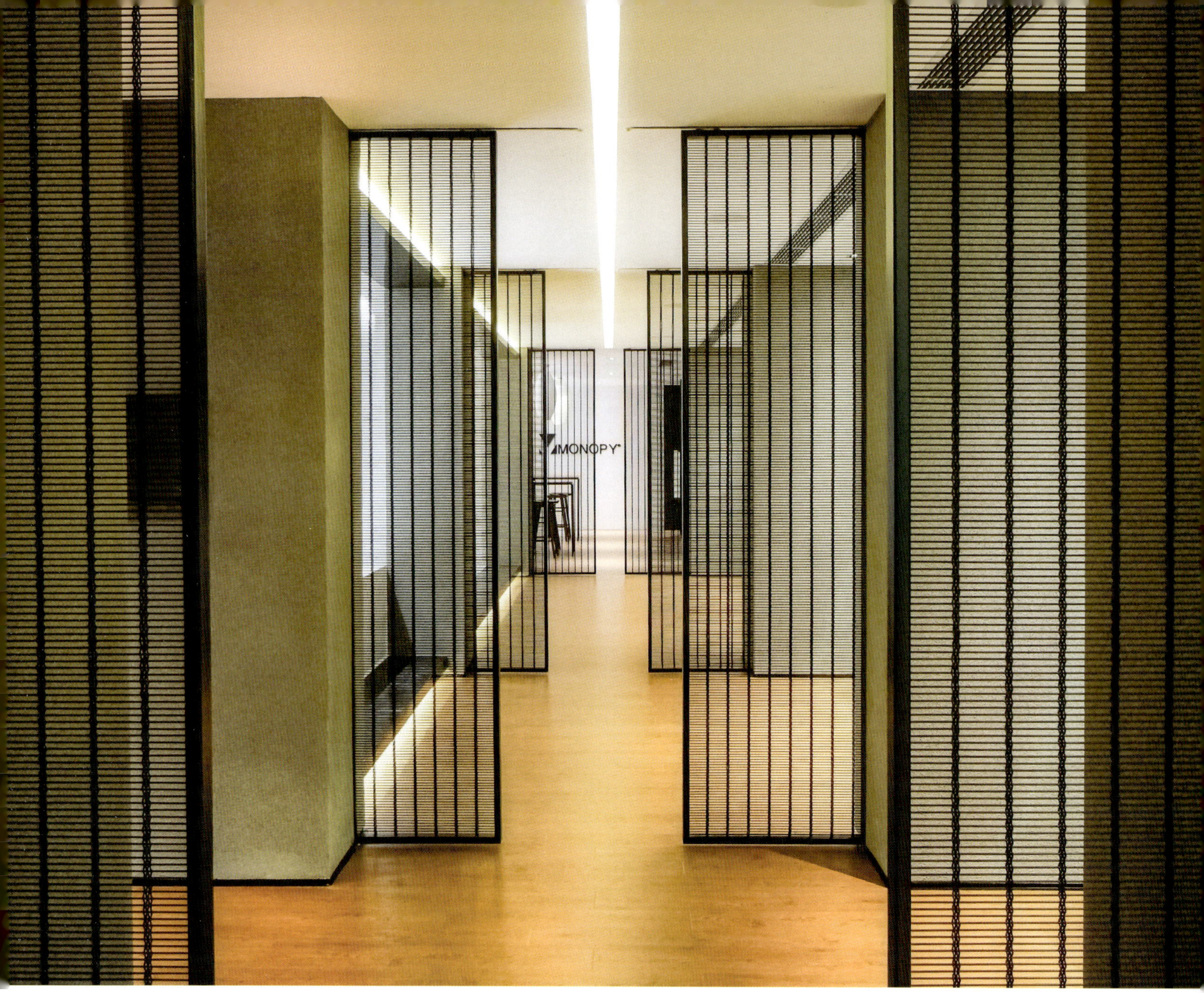
MONOPY

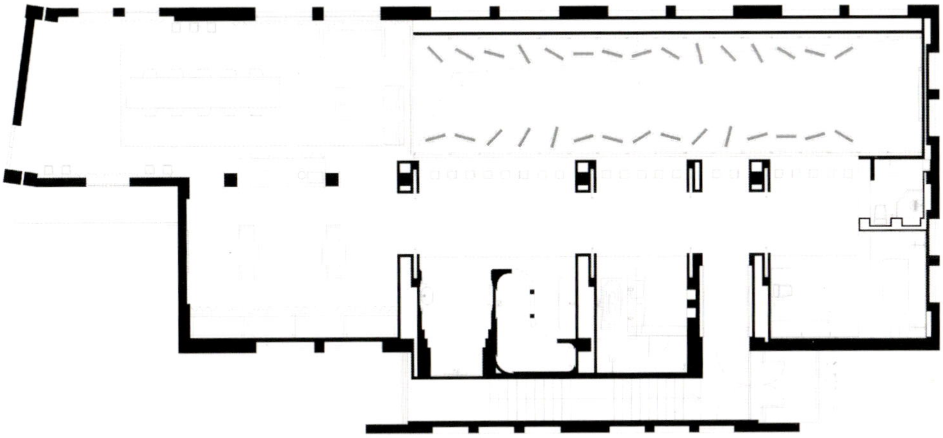

Second floor plan

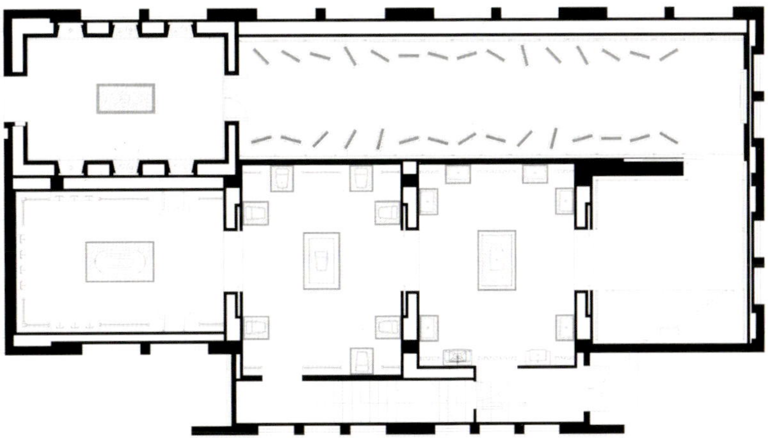

First floor plan

FRANTZÉN'S KITCHEN

Given that Björn Frantzén's cuisine has always been an Asian/Nordic fusion, Hong Kong was a natural choice for his first international restaurant. The atmosphere is cosy and welcoming, with a sleek Scandinavian flair. Interiors play with an ample yet sophisticated mix of details, from colours to textures and materials.

Como la cocina de Björn Frantzén ha sido siempre una fusión entre asiática y nórdica, Hong Kong fue una elección natural para su primer restaurante internacional. El ambiente es cómodo y acogedor, con un elegante estilo escandinavo. Los interiores juegan con una amplia pero sofisticada mezcla de detalles, desde colores hasta texturas y materiales.

Location
Hong Kong, China

Completion date
2016

Area m² / sq ft
60 m² / 649 sq ft

© Photos
Zoe Ho

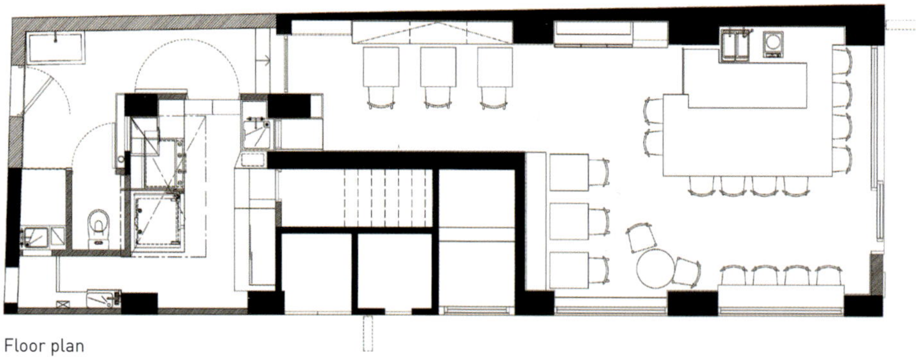

Floor plan

DISPENSA EMILIA

Dispensa Emilia is a modern take on the traditional Italian "tigelleria". The new concept tells a beautiful story about excellence and tradition, mixing together dining areas, cooking demonstrations, and shelving merchandised with own-branded products. The restaurant features a special edition of the Modena lamp, designed by Area-17.

Dispensa Emilia es una versión moderna de la tradicional "tigelleria" italiana. El nuevo concepto cuenta una hermosa historia sobre la excelencia y la tradición, mezclando áreas de comedor, *show cooking* y estanterías con productos de marca propia. El restaurante cuenta con una edición especial de la lámpara Modena, diseñada por Area-17.

Location
Milan, Italy

Completion date
2016

Area m² / sq ft
300 m^2 / 3,229 sq ft

© Photos
Maurizio Picci

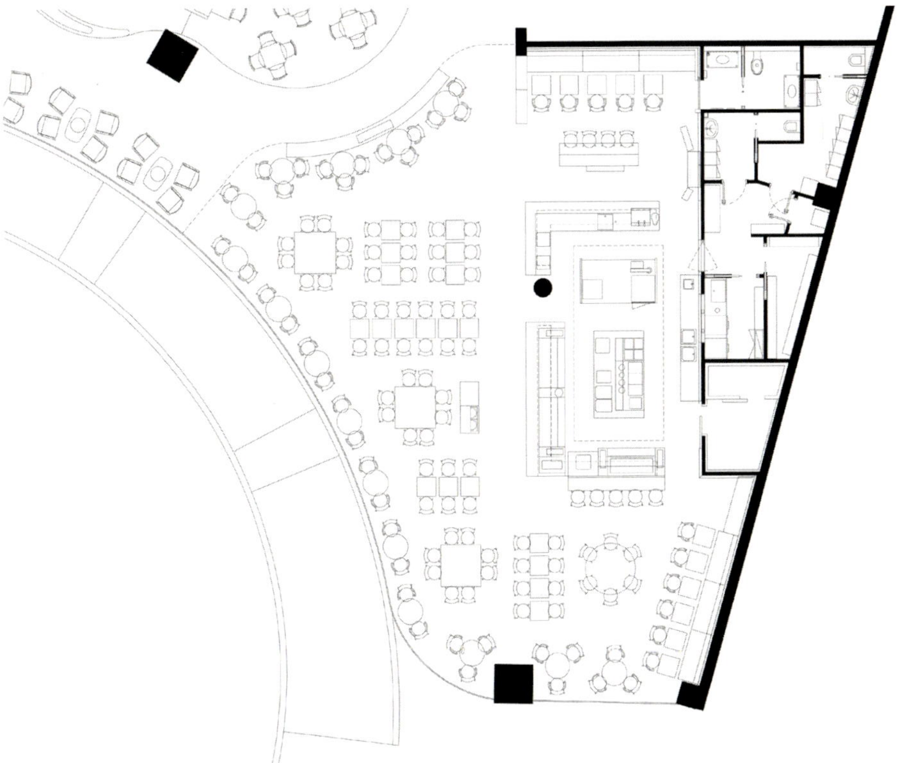

Floor plan

COME FUNZIONA
1 SCEGLI QUELLO CHE DESIDERI DAL MENU
2 VIENI ALLA CASSA PER IL TUO ORDINE
3 ACCOMODATI AL TAVOLO
SIETE UN GRUPPO DI 6 O PIÙ PERSONE?
RIVOLGETEVI ALLA HOSTESS CHE VI ACCOMPAGNERÀ DIRETTAMENTE AL TAVOLO.
TIGELLE
DEGUSTAZIONI 5 TIGELLE
INSALATE
PASTA FRESCA
CLASSICHE € 7,90
VEGETARIANE € 8,90
SFIZIOSE
LE GUSTOSE € 7,90
LE RICCHE € 8,90
LE TRADIZIONALI € 7,90
LE RIPIENE € 8,90
TIGELLE DOLCI € 1,70
FRUTTA DI STAGIONE € 3,00
€ 2,70
€ 3,70
Le nostre tigelle vengono via con te
La Tigella

TIGELLE
DEGUSTAZIONI 5 TIGELLE
INSALATE
PASTA FRESCA
ORDINA QUI
DISPENSA EMILIA

SCUDERIA FERRARI
MODENA

ARIA GROUP ARCHITECTS, INC.

830 North Boulevard
Oak Park, IL 60301
USA

www.ariainc.com

Aria Group Architects, Inc. is a full-service architecture and interior design firm. Aria Group's staff of highly motivated architects, planners and interior designers concentrate their practice on projects such as restaurants/food service, entertainment, hotels, casinos and other hospitality projects, mixed-use developments, retail centres, and office design.

Aria Group Architects, Inc. es una firma que ofrece un servicio completo de arquitectura y diseño de interiores. El equipo de Aria Group formado por arquitectos, planificadores y diseñadores de interiores altamente motivados centran su trabajo en proyectos tales como restaurantes, ocio, hoteles, casinos y otros proyectos de hostelería, desarrollos de uso mixto, centros comerciales y diseño de oficinas.

COOPER'S HAWK WINERY & RESTAURANT OAK LAWN

HILTON CHICAGO

NOT YOUR AVERAGE JOE'S

STANDARD MARKET GRILL

TOPOLOBAMPO

FIELDING'S LOCAL KITCHEN + BAR

NANDO'S PERI-PERI HYDE PARK

SHAKE SHACK UPTOWN PLA

HILTON CHICAGO

Hilton Worldwide commissioned Aria Group to update and expand its food and beverage venues on the ground floor and add a new entrance on Michigan Avenue. The project included re-designing the hotel lounge, bar, and restaurant as well as transforming the Buckingham Steakhouse into a multi-purpose banquet room and adding a grab and go store now called Herb N' Kitchen. The design objective for the restaurant and lounge, now called 720 South Grill, was to open the spaces onto the main corridor and provide guests with an environment portraying a classic contemporary ambiance. Natural materials such as wood, stone, and leather, combined with flashes of colour in carpeting and art conveys a new, fresh vocabulary linking to the classicism of the original architecture while promoting the Hilton brand.

Hilton Worldwide encargó a Aria Group que actualizara sus locales de alimentos y bebidas en la planta baja y añadiera una nueva entrada en Michigan Avenue. El proyecto incluyó el rediseño del salón, el bar y el restaurante del hotel, así como transformar el Buckingham Steakhouse en una sala de banquetes polivalente y una tienda "listo para llevar" llamada Herb N'Kitchen. El objetivo del diseño, ahora llamado 720 South Grill, era abrir los espacios al pasillo principal y proporcionar a los huéspedes un entorno que retratara un ambiente contemporáneo clásico. Materiales naturales como madera, piedra y cuero, combinados con notas de color en alfombras y obras de arte transmiten un nuevo vocabulario fresco que se relaciona con el clasicismo de la arquitectura original, a la vez que promociona la marca Hilton.

Location
Chicago, IL. USA

Completion date
2012

Area m² / sq ft
1.951 m² / 21,000 sq ft

© Photos
Anthony Gomez

NOT YOUR AVERAGE JOE'S

Aria Group developed a store design that would serve as a prototype for future stores. The motivation for developing this new architype was to incorporate NYAJ's refined brand of simple 'California Industrial' into a casually hip, engaging environment. Open views into the kitchen and bar spaces promote the energy of the concept. White painted brick with black or raw steel provide a neutral foundation for pops of colour in art and fabrics. Natural light is encouraged with expansive, windowed walls bringing in the outside lighting during the day and emitting the warm glow of a high-energy eatery in the evening. A large outdoor patio contributes to the overall accessible vibe where helpful, friendly staff serve great food and innovative beverages.

Aria Group desarrolló un diseño de tienda que serviría de prototipo para futuras tiendas. La motivación para desarrollar este nuevo prototipo fue incorporar la refinada marca NYAJ de la sencilla "California industrial" en un ambiente informal, a la última moda y atractivo. Las vistas abiertas a la zona de la cocina y el bar promueven la energía del concepto. El ladrillo blanco pintado con el acero negro o en bruto proporcionan una base neutral para los acentos de color de las obras de arte y las telas. Las paredes de cristal permiten disfrutar de la luz natural durante el día y emiten el cálido resplandor de un restaurante de alta energía por la tarde. Un gran patio al aire libre contribuye a un ambiente accesible en general, donde la comida y las bebidas innovadoras son servidos por un personal amable y servicial.

Location
Westwood, MA. USA

Completion date
2016

Area m² / sq ft
618 m² / 6,655 sq ft

© Photos
Eric Kieley

COOPERS HAWK

The Cooper's Hawk restaurant in Oak Lawn is unique for the restaurant group in that it has a strong design focus inspired by the wineries of the western region of the country recently visited by restaurant owner, Tim McEnery. This venue is also notable in that it is located in McEnery's childhood hometown, heightening expectations of design freedom as a break from past restaurant venues.

El restaurante Cooper's Hawk en Oak Lawn es único en el grupo de restaurantes, ya que tiene un fuerte enfoque de diseño inspirado en las bodegas de la región occidental del país que el dueño del restaurante, Tim McEnery, había visitado recientemente. Este lugar es también notable porque que se encuentra en la ciudad de la infancia de McEnery, lo que aumentó las expectativas de libertad de diseño como ruptura respecto a los restaurantes del pasado.

Location
Oak Lawn, IL. USA

Completion date
2015

Area m² / sq ft
1.005 m² / 10,820 sq ft

© Photos
Gregory Pierce

GOOD TIMES

STANDARD MARKET GRILL

The project's objective was to create an upscale, fast, casual concept reflecting their product offerings of fresh, from-scratch ingredients and sustainable food sources. The challenge was to use as much of the existing space as possible to save on costs and reflect a natural, raw feeling. The existing space consisted of two vastly different types of structure. In one part, a barrel-vaulted ceiling was uncovered during demolition. In the other, high concrete ceilings and beams clearly divide the two spaces. A strategic layout and a material decision had to be made to unite both spaces as well as create an efficient energy flow through a fast-paced restaurant.

El objetivo del proyecto era crear un concepto de alta calidad, rápido e informal, que reflejara su oferta de productos con ingredientes frescos, de origen natural y de fuentes alimentarias sostenibles. El reto era aprovechar al máximo el espacio existente para ahorrar en costes y reflejar una sensación de algo natural y fresco.
El espacio existente constaba de dos tipos de estructura muy diferentes. En una parte, un techo de bóveda de cañón que se descubrió durante la demolición. En la otra, techos altos y vigas de hormigón que dividen claramente los dos espacios. Se tuvo que tomar una decisión de diseño estratégico y materiales para unir los dos espacios, así como crear un flujo eficiente a través de un restaurante de cocina rápida.

Location
Lincoln Park, Chicago, IL. USA

Completion date
2013

Area m² / sq ft
477 m² / 5,133 sq ft

© Photos
Anthony Gomez

FIELDING'S LOCAL KITCHEN + BAR

This ground-up construction was to be the showcase of a thriving new retail development. A 270-degree curtain wall provides panoramic views of a central park. We knew right away that the space would be an ode to contemporary design to appropriately complement the beautiful plates coming out of this open kitchen. Our colour palette of white and navy blue, along with the warm tones of Douglas fir and pops of yellow and orange was a reflection of that idea.

Esta construcción tenía que ser el escaparate en un nuevo proyecto comercial. Una pared de 270 grados ofrece vistas panorámicas a un parque central. Sabíamos enseguida que el espacio sería una oda al diseño contemporáneo para complementar adecuadamente los hermosos platos que salen de esta cocina abierta. Nuestra paleta de colores blanco y azul marino, junto con los tonos cálidos de abeto douglas y las notas de amarillo y naranja son un reflejo de esa idea.

Location
Houston, TX, USA

Completion date
2016

Area m² / sq ft
418 m² / 4,500 sq ft

© Photos
Mark Scheyer

MEAT CUT
CHARTS
FIELDING'S
local

CRUST

SHAKE SHACK

A prominent mid-century, 1960s-style shopping centre anchoring the northwest corner of Uptown Plaza which had undergone many years of tenant build-outs was the site for this new restaurant. Our first goal was to breathe life back into this once classic building. We removed the layers of EIFS build-outs that tenants had created over the decades, and uncovered the original masonry. With brick as our backdrop, we used the client's branded design elements to create an edgy twist as a contrast between old and new. The new metal panels seem to peel away from the façade exposing the original brick and cast block.
The covered promenade which originally delineated the boardwalk of the plaza was also reintroduced into the design.

Un prominente centro comercial de mediados de siglo, estilo 1960, anclado en la esquina noroeste de Uptown Plaza, era el sitio para este nuevo restaurante. Nuestro primer objetivo era darle vida a este edificio, clásico en su época. Se eliminaron las capas del sistema de aislamiento acústico exterior que los inquilinos habían creado durante décadas, para dejar al descubierto la albañilería original. Con el ladrillo como telón de fondo utilizamos los elementos de diseño de la marca de los clientes para crear un toque novedoso como contraste entre lo nuevo y lo viejo. Los nuevos paneles de metal parecen desprenderse de la fachada dejando ver el ladrillo original.
El paseo cubierto que originalmente delineaba la zona de paseo de la plaza también fue reintroducido en el diseño.

Location
Phoenix, AZ. USA

Completion date
2016

Area m² / sq ft
318 m² / 3,422 sq ft

© Photos
Michael Duerinckx

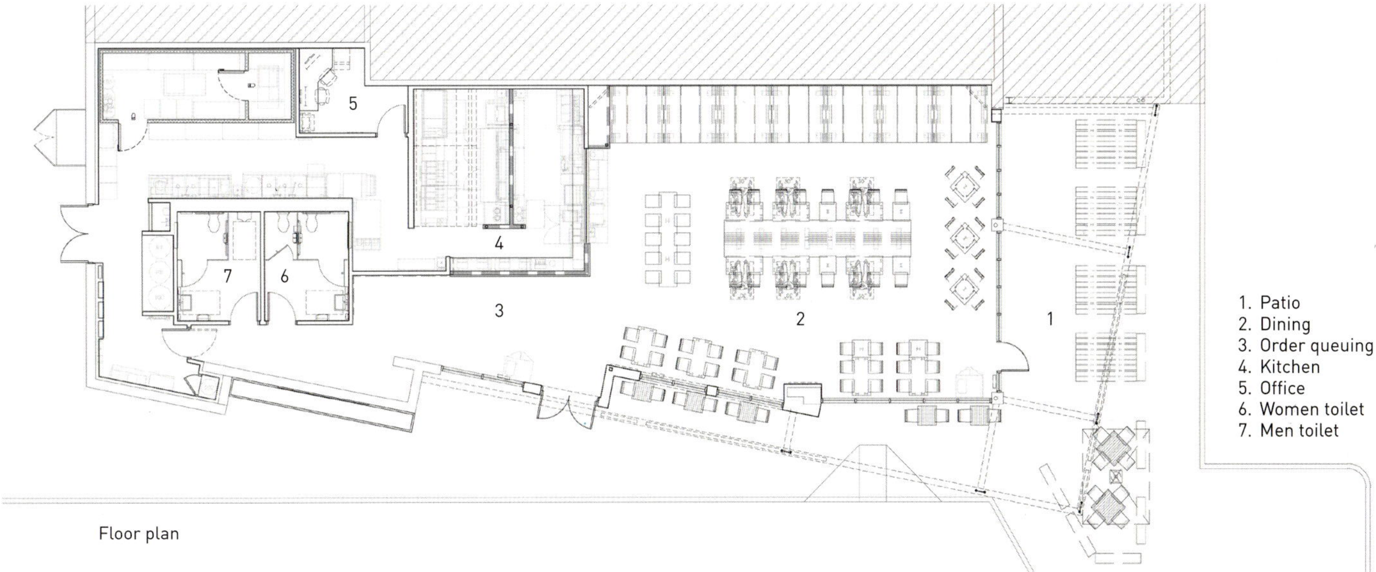

1. Patio
2. Dining
3. Order queuing
4. Kitchen
5. Office
6. Women toilet
7. Men toilet

Floor plan

ORDER HERE
PICKUP HERE
WARNING
Cool Beans!

SHAKE SHACK
SHAKE SHACK

SHAKE SHACK
SHAKE SHACK
EXIT

NANDO'S PERI-PERI HYDE PARK

The restaurant is located in the unique Hyde Park neighbourhood of Chicago, in close proximity to the University of Chicago. The concept stemmed from embracing the neighbourhood's eclectic traditional heritage and its ever-evolving, hip and young residents. The exterior mural, by South African artist Kilmany-Jo Liversage, is a perfect representation of the mood and atmosphere developed inside the space, and the quest to support the South African heritage of the Nando's brand.

El restaurante está situado en el exclusivo barrio Hyde Park de Chicago, muy cerca de la Universidad de Chicago. El concepto surgió de abrazar la herencia tradicional ecléctica del vecindario y sus residentes jóvenes, en constante evolución y a la moda. El mural exterior, de la artista sudafricana Kilmany-Jo Liversage, es una representación perfecta del estado de ánimo y la atmósfera que se desarrolla en el interior del espacio, con la misión de apoyar la herencia sudafricana de la marca Nando.

Location
Chicago, IL. USA

Completion date
2016

Area m² / sq ft
355,5 m² / 3,827 sq ft

© Photos
Emilia Czader

TOPOLOBAMPO

The challenge given in the re-design of Topolobampo was to elevate the space to align with the amazing food being produced in the kitchen by Rick Bayless and his team. We sought to create a space that was sumptuous, elegant, and wondrous – extending the energy created in the kitchen into the dining room. Also, creating a gallery backdrop for the amazing collection of original Mexican art.

El reto en el rediseño de Topolobampo era elevar el espacio para alinearlo con la asombrosa comida preparada en la cocina por Rick Bayless y su equipo. Buscamos crear un espacio suntuoso, elegante y maravilloso, que extendiera al comedor la energía creada en la cocina. Además, usarlo como telón de fondo de la sorprendente colección de arte mexicano original.

Location
Chicago, IL. USA

Completion date
2017

Area m² / sq ft
158 m² / 1,700 sq ft

© Photos
Emilia Czader

BARA DESIGN STUDIO

Szegfű utca 26
H-2094 Nagykovácsi
HUNGARY

www.baradesignstudio.com
www.baraakos.com

Bara Design Studio was established in 2003 by Akos Bara. Akos was born in Hungary in 1977. He studied at MOME, the Moholy-Nagy University of Art and Design (in Hungarian: Moholy-Nagy Művészeti Egyetem) and graduated in 2003. He has designed over 120 TV channel sets since 1998.
Besides the TV sets the studio has designed restaurants, hotels, museums, residential buildings, commercial and public spaces, as well as working on functional interior and architectural design, including furniture and graphic image.
Over the last few years, the studio has also worked, as well as in Budapest, in Miami, London, Beijing, Paris, Cannes, Los Angeles, and Vienna and additionally in Beograd.

Bara Design Studio fue fundado en 2003 por Akos Bara. Akos Bara nació en Hungría en 1977. Estudió en MOME (Universidad Húngara de Arte y Diseño) y se graduó en 2003. Desde 1998 ha diseñado más de 120 platós para canales de televisón.
Además de los platós, el estudio ha diseñado restaurantes, hoteles, museos, edificios residenciales, espacios comerciales y públicos, además de trabajar en interiorismo funcional y diseño arquitectónico, incluyendo mobiliario e imagen gráfica.
En los últimos años, el estudio ha trabajado además de en Budapest en Miami, Londres, Pekín, París, Cannes, Los Ángeles, Viena y Belgrado.

TG ITALIANO

TOMGEORGE

BOB

BESTIA

BOB

TG ITALIANO

TOMGEORGE

This restaurant opened in the business district of LA eight years after TG Italiano was founded in Budapest. Today the city is experiencing a new golden age. Hundreds of apartments and offices are being built and increasingly better restaurants are opening in the area. For the new restaurant we used the iconic design elements from the earlier TG restaurants but gave them a 70s spin.

El restaurante se abrió en el distrito de negocios de Los Ángeles ocho años después de que el TG Italiano fuera fundado en Budapest. Hoy la ciudad está experimentando una nueva edad de oro. Se están construyendo cientos de apartamentos y oficinas y se están abriendo restaurantes cada vez mejores en la zona. Para el nuevo restaurante mezclamos los elementos icónicos del diseño de los primeros restaurantes TG con el ambiente de los años 70.

Location
707 S Grand Avenue
Los Angeles, CA. USA

Completion date
2016

Area m2 / sq ft
Restaurant: 300 m² / 3,229 sq ft
Terraces: 140 m² / 1,507 sq ft

© Photos
Hannah Erdelyi
Wonho Frank Lee

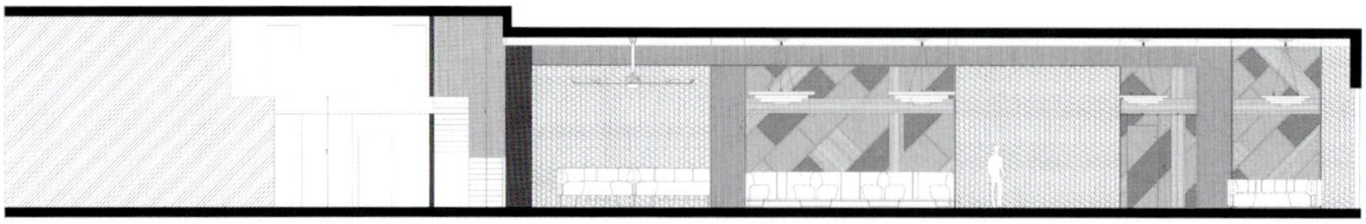

Section

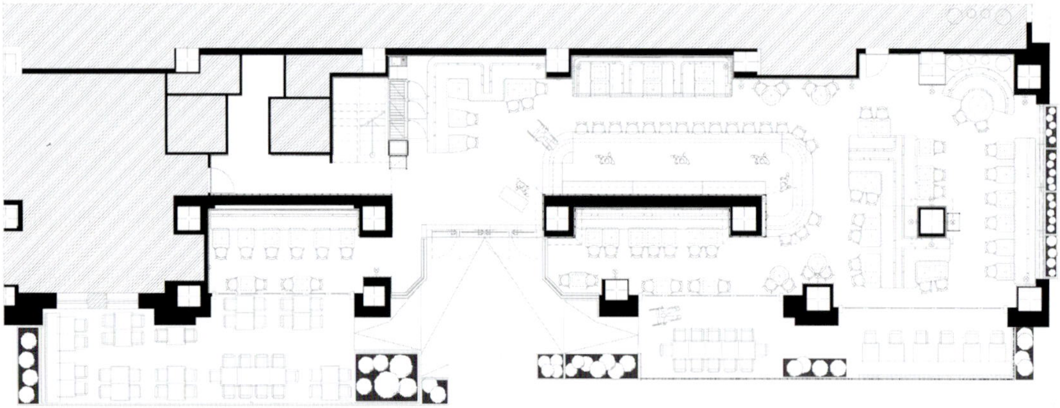

Floor plan

BOB

The objective was to re-create an original Cuban bar for Bacardi. We were inspired by the normally stuffy atmosphere and traditional colonial features. The originality of antique detailing and the feeling emanating from the slow ageing of the once shiny bar were key, along with the use of cheap materials and simple solutions typical of Cuba. This explains why the bar chairs are made from original oil barrels and forms the basis of our design for the wash basins and taps in the lavatory.

El objetivo era recrear un bar cubano original para Bacardi. Nos basamos en el ambiente normalmente sofocante y en marcas coloniales tradicionales. La originalidad de los detalles antiguos y el sentimiento que emanaba del lento envejecimiento de la barra, en otra época reluciente, fueron clave, junto con el uso de materiales baratos y soluciones sencillas típicas de Cuba. Esto queda reflejado en las sillas de bar hechas a de barriles de aceite originales y forman la base de nuestro diseño del lavamanos y los grifos del aseo.

Location
Szechenyi Istvan ter 7
Budapest, Hungary

Completion date
2013

Area m2 / sq ft
220 m² / 2,368 sq ft

© Photos
Zsolt Batar

White Lady
Cosmopolitan
Bombay Rose

LUBRIFICANTI

THE BIG SHOW OF THE WORLD

CARDI | ORIGINAL

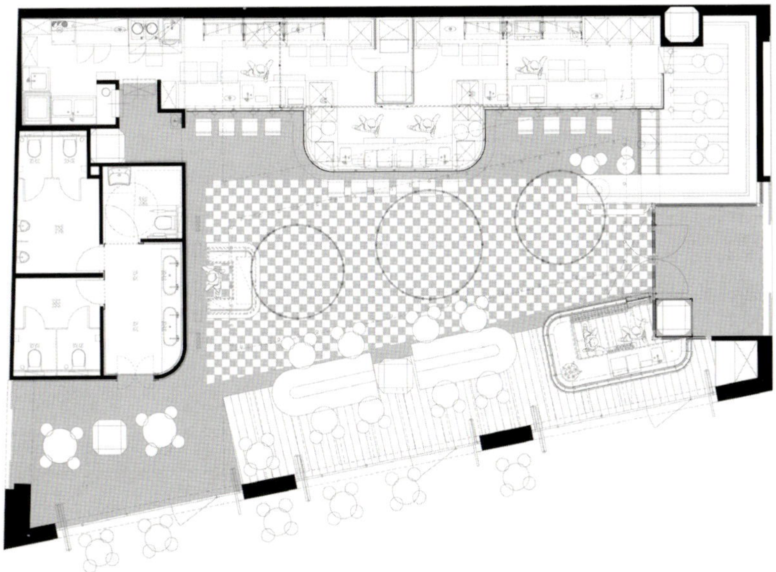

Floor plan

BESTIA

This restaurant/pub is located in downtown Budapest. This part of the city is a favourite of both tourists and locals with many coffee bars, restaurants, and bars.
The owners wanted a new, outstanding pub, highlighting new food alternatives, as well as design. To do this, we used the experience gained in America. Thanks to our dedication, BESTIA has become one of the best "after work" venues in town.

Este restaurante/pub está situado en el centro de Budapest. Esta parte de la ciudad se gana el favor de los turistas y también de los locales por sus numerosos cafés, restaurantes y bares.
Los propietarios querían un nuevo y excepcional pub, que destacara nuevas alternativas de comida así como de diseño. Para ello, utilizamos la experiencia adquirida en América. Gracias a nuestra dedicación, el BESTIA se ha convertido en uno de los mejores lugares "post-trabajo" de la ciudad.

Location
Szent István tér 9
Budapest, Hungary

Completion date
2015

Area m² / sq ft
Restaurant: 280 m² / 3,019 sq ft
Terraces: 115 m² / 1,238 sq ft

© Photos
Zsolt Batár

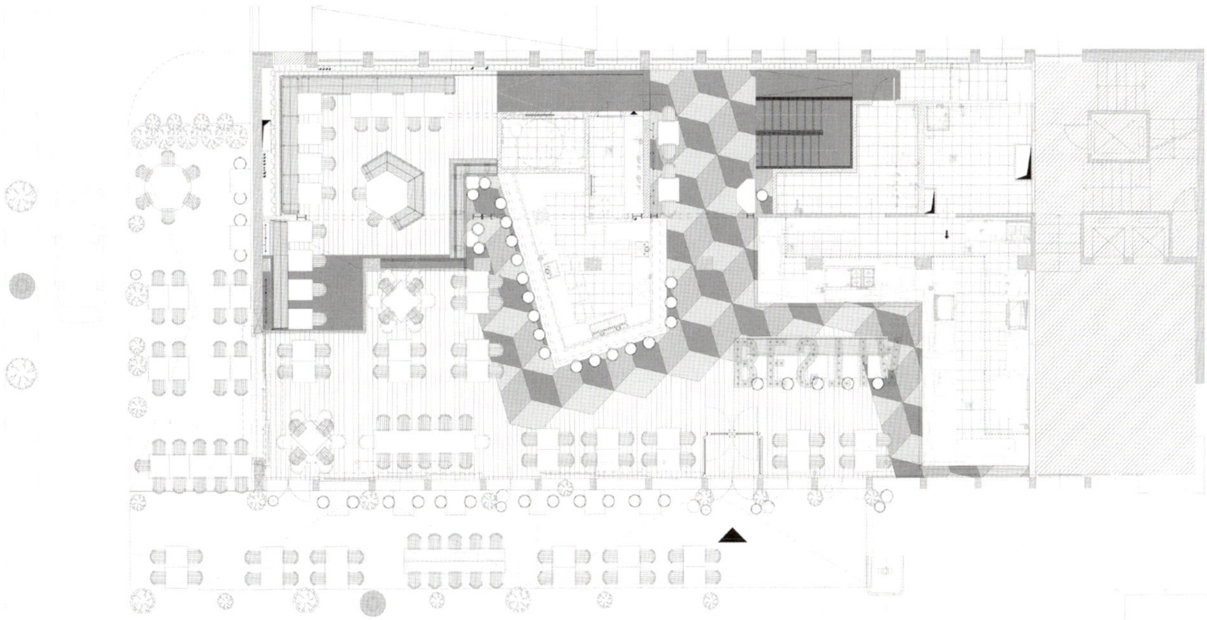

Floor plan

TG ITALIANO

Tom&George Restaurant was an existing restaurant primarily serving Asian and Italian fusion cuisine. In 2009 it underwent a change of concept. It is located is a very popular and touristic downtown. The restaurant aims for simplicity. This is mirrored in the interior design, use of materials and the menu on offer. The cuisine is primarily influenced by rustic southern Italian flavours rather than by the Northern Italian trattorias. In the interior design this is shown by prioritising the use of simple and recyclable materials, a very important feature of the concept. Copper, leather, brushed slabs, rustic teakwood, rusty iron and bricks —these materials all helped to develop an interior that is welcoming and can be enjoyed by everyone.

Tom&George Restaurant era un restaurante ya existente que servía principalmente cocina de fusión asiática e italiana. En 2009 experimentó un cambio de concepto. Está ubicado en el centro, muy popular y turístico. El restaurante busca la sencillez. Esto se refleja en el diseño de interiores, el uso de los materiales y la carta que ofrece. La cocina está influenciada principalmente por los rústicos sabores del sur de Italia en lugar de por las *trattorias* del norte de Italia. En el diseño interiores esto se demuestra priorizando el uso de materiales simples y reciclables, un punto muy importante en el concepto. Cobre, cuero, baldosas rugosas, madera rústica de teca, hierro oxidado y ladrillos –estos materiales ayudaron a desarrollar un interior que es acogedor y que puede ser disfrutado por todos.

Location
Szegfü utca 26
Nagykovácsi, Hungary

Completion date
2009

Area m² / sq ft
Restaurant: 300 m² / 3,229 sq ft
Terraces: 140 m² / 1,507 sq ft

© Photos
Tamas Bujnovszky

SASSICAIA

SASSICAIA

AMORE

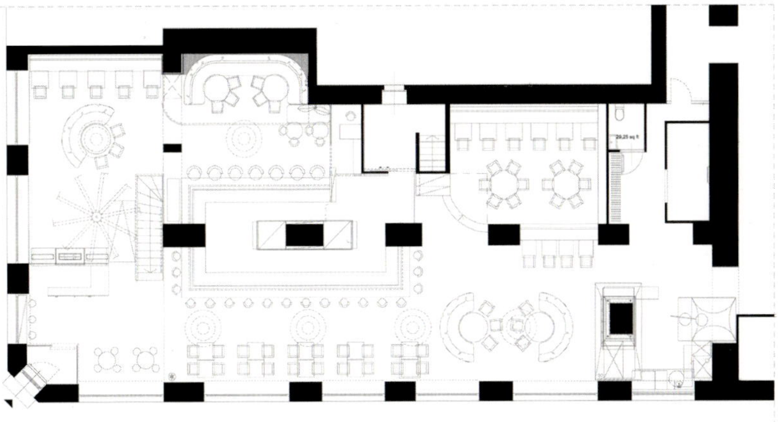

Floor plan

© Jeff Mindell

BELLS + WHISTLES

3633 Lenawee Ave. Studio 190
Los Angeles, CA 90016
USA

www.allthebellsandwhistles.com

Barbara Rourke and Jason St. John are co-founders and principals of the award-winning interior design firm, Bells + Whistles. The two met in 1998 in San Diego, CA, and established Bells + Whistles in 2000 as a custom furniture design studio, which organically morphed into a full-service interior design firm. Self-taught, their hands-on experience has provided a unique perspective empowering them to embrace a variety of challenges, from proposal preparation through to the details of the final finish.

Barbara Rourke y Jason St. John son cofundadores y directores de la galardonada firma de diseño de interiores Bells + Whistles. Se conocieron en 1998 en San Diego, California, y establecieron Bells + Whistles en el año 2000 como un estudio de diseño de muebles a la medida, el cual se transformó orgánicamente en una firma de diseño de interiores que ofrece un servicio integral. Autodidactas, su práctico estudio ha proporcionado una perspectiva única que les permite asumir una variedad de desafíos, desde la preparación de la propuesta hasta los detalles finales del acabado.

BROKEN SPANISH

CAMPFIRE

JUICE SERVED HERE

BACO SHOP

BACO SHOP

JUICE SERVED HERE

BROKEN SPANISH

BROKEN SPANISH

Broken Spanish comes to life with colorful terracotta tiles and layered textures that show off Chef Ray Garcia's upscale casual sensibility in Downtown LA. The space inspires the adventurous and sophisticated eater while welcoming them with the living room-like qualities of your favorite abuelita.

Broken Spanish cobra vida con coloridas baldosas de terracota y texturas en capas que muestran una sensibilidad exclusiva e informal del Chef Ray García en el centro de Los Ángeles. El espacio inspira al comensal atrevido y sofisticado al mismo tiempo que le da la bienvenida con las cualidades de sala de estar de tu abuelita favorita.

Location
1050 S Flower St
Los Angeles, CA. USA

Completion date
2015

Area m² / sq ft
430 m² / 4,500 sq ft

© Photos
Jennifer Puno

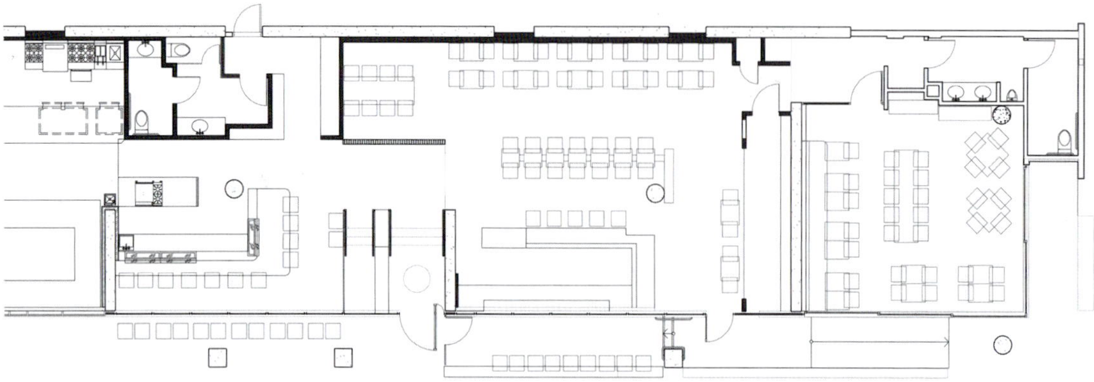

Floor plan

MADE IN MEXICO

CAMPFIRE

Campfire, a homage to A-frames and the California State Parks Service, has an easy atmosphere with subtle, natural colours, a mountain range panorama spans the dining room and a curated collection of camping-inspired accessories add intimacy and individuality to the multiple dining areas.

Campfire, un homenaje a A-frames y al Servicio Estatal de Parques de California, tiene un ambiente tranquilo con colores sutiles de la naturaleza, una vista panorámica de la cordillera que abarca el comedor y una cuidada colección de accesorios inspirados en el *camping* que añaden intimidad e individualidad a las múltiples zonas de comedor.

Location
2725 State St, Carlsbad
Los Angeles, CA. USA

Completion date
2016

Area m² / sq ft
603 m² / 6,500 sq ft

© Photos
Lyudmila Zotova

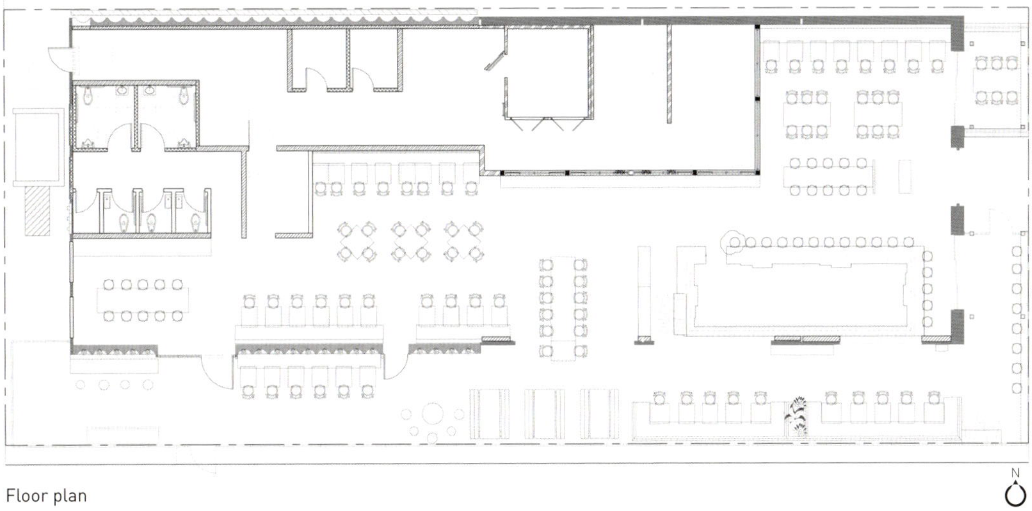

Floor plan

JUICE SERVED HERE

Bells + Whistles developed the brand DNA for Juice Served Here to launch multiple locations while retaining the feel of one-off stores. The black + white palette with pops of red and wooden items creates a sophisticated, Scandinavian-style cafe vibe, mixed with the healthy California lifestyle.

Bells + Whistles desarrolló la marca DNA for Juice Served Here para lanzar múltiples ubicaciones pero manteniendo la sensación de las tiendas únicas. La paleta de negro + blanco con notas de elementos rojos y de madera crean un ambiente sofisticado al estilo escandinavo, mezclado con el estilo de vida saludable de California.

Location
609 Lincoln Blvd, Venice
Los Angeles, CA. USA

Completion date
2014

Area m² / sq ft
102 m² / 1,100 sq ft

© Photos
Jiro Schneider, Jeff Mindell

CHOOSE
YOUR
JUICE
01
02
J3
10
11
12
21
ON TAP
SHAKE
VATTE

COFFEE
VATTE

BÄCOSHOP

Bäcoshop is a vibrant, fast, casual concept for famed LA Chef Josef Centeno, boasting a bright colour palette, architectural lines cutting through a shotgun-style space, a monolithic Carrara marble counter, ceramic lighting, handmade breadboard tables and a leather banquet running the length of the dining room.

Bäcoshop es un concepto de cocina rápida informal y vibrante del afamado chef de Los Angeles Josef Centeno que cuenta con una paleta de colores brillantes, líneas arquitectónicas que cortan a través de un espacio estilo "shot-gun", un mostrador monolítico de Carrara, iluminación de cerámica, mesas de madera hechas a mano y un banco de cuero que se extiende a lo largo del comedor.

Location
9552 Washington Blvd, Culver City
Los Angeles, CA, USA

Completion date
2017

Area m² / sq ft
140 m² / 1,500 sq ft

© Photos
Jeff Mindell

EXIT

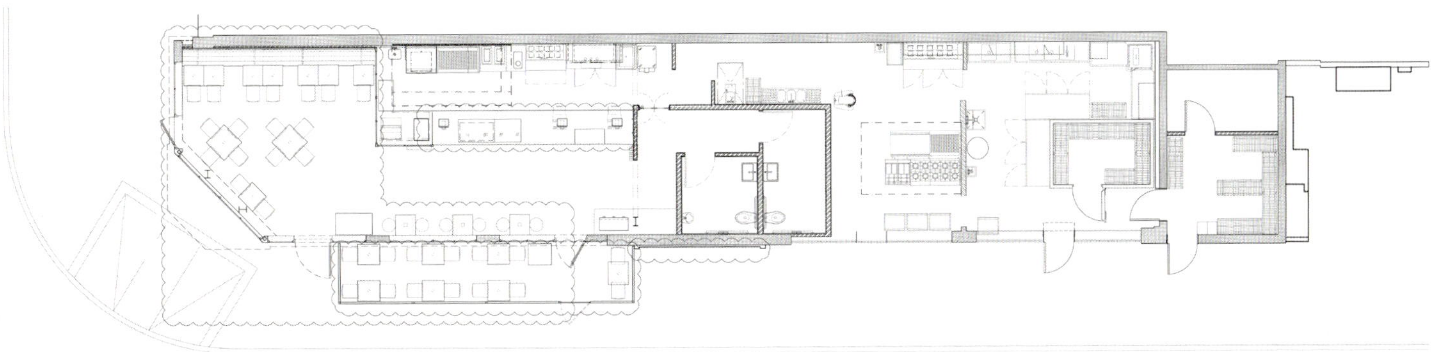

Floor plan

CARLO BERARDUCCI ARCHITECTURE

144 Via Colli della Farnesina
Roma 00135
ITALY

www.berarducciarchitecture.com

Carlo Berarducci Architecture is an internationally-recognised architectural firm based in Rome, and working throughout the world. The design studio deals with a wide range of projects on different scales, from architecture and urban development to interior and furniture design. The firm has solid experience in the field of residential and hospitality projects, and its proficiency in refurbishing and redeveloping urban areas of recognised historic value using a contemporary approach with high detailing, is significant. It currently has completed and ongoing projects in Italy, Libya, Germany, the UK, and France.

Carlo Berarducci Architecture es una firma de arquitectura internacionalmente reconocida, con sede en Roma, que trabaja en todo el mundo. El estudio de diseño se ocupa de una amplia gama de proyectos a diferentes escalas, desde la arquitectura y el desarrollo urbano hasta el diseño de interiores y el diseño de muebles. La firma cuenta con una experiencia consolidada en el campo de los proyectos residenciales y de hostelería y su competencia en la renovación y reurbanización de zonas urbanas de reconocido valor histórico conun enfoque contemporáneo y mucha atención al detalle es significativa. Actualmente cuenta con proyectos realizados y en construcción en Italia, Libia, Alemania, Reino Unido y Francia.

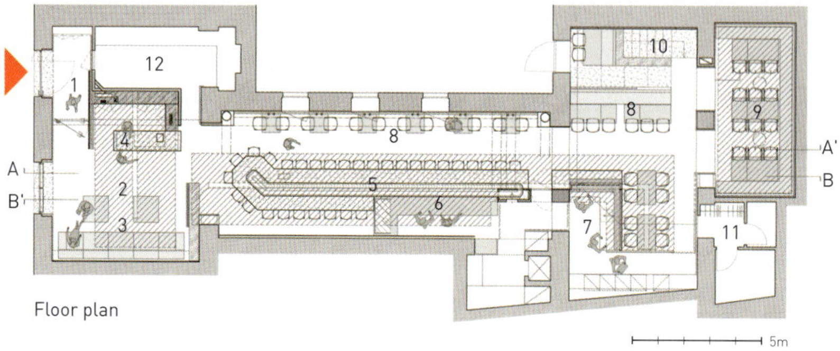

Floor plan

1. Entrance
2. Hall
3. Waiting sofas
4. Cash desk
5. Kaiten bar
6. Master sushi open kitchen
7. Open kitchen
8. Dining tables
9. Separate dining room
10. Stairs to bathrooms
11. Wardrobe
12. Storage

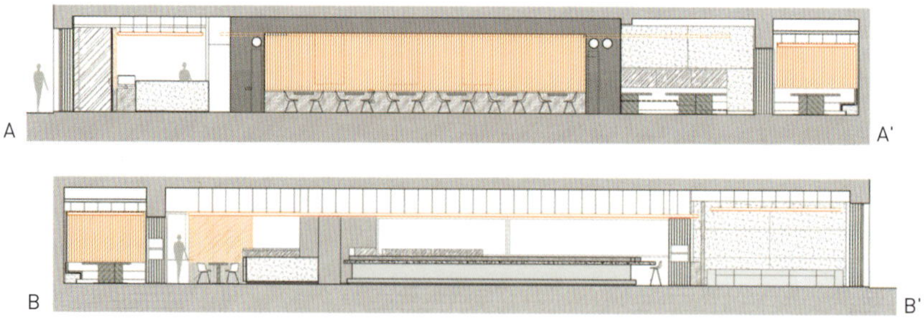

Sections

ZEN SUSHI RESTAURANT

The project for this Japanese restaurant in Rome is inspired by the forest walkways leading to the temples of Fushimi Inari in Kyoto surrounded by glossy black and red wooden portals, which are reproduced by way of colours and hints. The interior space is conceived as a process, a sequence of steps and changes of direction, like an "architectural promenade."

El proyecto de este restaurante japonés en Roma se inspira en los senderos en el bosque bordeados por negros y brillantes portales de madera roja, que conducen a los templos de Fushimi Inari en Kyoto, de los cuales reproduce colores y sugerencias. El espacio interior se concibe como un proceso, una secuencia de pasos y cambios de dirección, como un "paseo arquitectónico".

Location
Roma, Italy

Completion date
2015

Area m² / sq ft
250 m² / 2,691 sq ft

© Photos
Fernando Guerra FG+SG

禅

ZEN SUSHI RESTAURANT

The project for this Japanese restaurant in Rome is inspired by the forest walkways leading to the temples of Fushimi Inari in Kyoto surrounded by glossy black and red wooden portals, which are reproduced by way of colours and hints. The interior space is conceived as a process, a sequence of steps and changes of direction, like an "architectural promenade."

El proyecto de este restaurante japonés en Roma se inspira en los senderos en el bosque bordeados por negros y brillantes portales de madera roja, que conducen a los templos de Fushimi Inari en Kyoto, de los cuales reproduce colores y sugerencias. El espacio interior se concibe como un proceso, una secuencia de pasos y cambios de dirección, como un "paseo arquitectónico".

Location
Roma, Italy

Completion date
2015

Area m² / sq ft
250 m² / 2,691 sq ft

© Photos
Fernando Guerra FG+SG

禅

Sketch

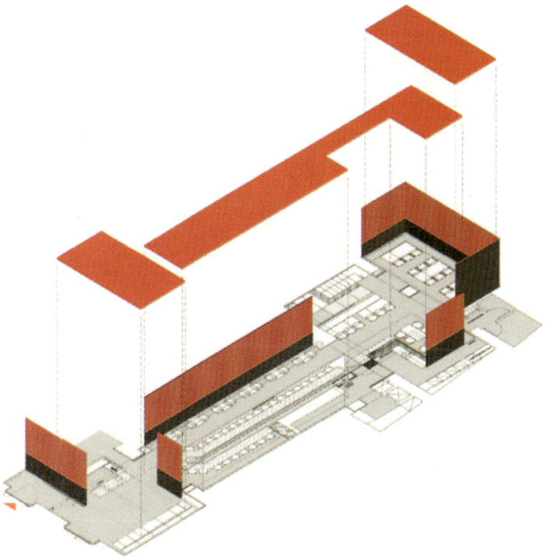

Black-red timber screens and wall coverings filter the spaces and identify the tables areas

COOP HIMMELB(L)AU

Spengergrasse 37
1050 Vienna
AUSTRIA

www.coop-himmelblau.at

Founded in Vienna by Wolf D. Prix, Helmut Swiczinsky, and Michael Holzer in 1968, Coop Himmelb(l)au is active in the areas of architecture, urban planning, design, and art. In 1988, a second studio in Los Angeles was opened, and subsequently other offices in Frankfurt, Paris, and Hong Kong were added. Its best known projects are the renovation of the roof of Falkestraße in Austria, the master plan for the city Melun-Sénart in France, the East pavilion of the Groninger Museum in The Netherlands, the UFA Cinema Center, the BMW Welt, and the Pavilion 21 MINI Space Opera in Germany, and, in the United States, the Akron Art Museum and the Ramon C. Cortines School Of Visual and Performing Arts in Los Angeles.

Las áreas de actividad de este estudio fundado en Viena por Wolf D. Prix, Helmut Swiczinsky y Michael Holzer en el año 1968, Coop Himmelb(l)au, son la arquitectura, la planificación urbana, el diseño y el arte. En 1988 abre un segundo estudio en Los Ángeles, y posteriormente otras oficinas en Fráncfort, París y Hong Kong. Sus proyectos más conocidos son la remodelación de la cubierta de Falkestraße, en Austria; el plan maestro de la ciudad de Melun-Sénart, en Francia; el pabellón Este del Groninger Museum, en los Países Bajos; el UFA Cinema Center, el BMW Welt y el Pavilion 21 MINI Opera Space, en Alemania; y el Museo Akron y la Central Los Angeles Area High School #9 of Visual and Performing Arts, en Estados Unidos.

BMW WELT

CENTRAL LOS ANGELES AREA HIGH SCHOOL

PAVILION 21 MINI OPERA SPACE

BMW WELT

The BMW Group building is a car delivery center and is located very close to the company's headquarters and museum. One of the main design ideas was to expand the pre-existing BMW Tower and the adjacent museum to create a unique assembly space.

The design consists of a large transparent hall with a sculptural roof and a double cone that responds to the pre-existing shape of the office building.

The entire building is designed on principles of sustainability in order to make maximum use of natural resources. Consequently, it can operate with very low power consumption.

Este edificio del grupo BMW es un centro de entrega de automóviles y está situado muy cerca de las oficinas centrales y del museo de la empresa. Una de las ideas centrales del diseño ha sido expandir la existente BMW Tower y el museo adyacente para crear un espacio único y homogéneo.

El diseño consiste en un gran vestíbulo transparente con un techo escultural y un cono doble que responde a la forma del edificio de oficinas existente.

Todo el edificio ha sido concebido bajo un criterio de sostenibilidad para aprovechar al máximo los recursos naturales. Consecuentemente, puede operar con un nivel muy bajo de consumo de energía.

Location
Munich, Germany

Completion date
2007

Area m² / sq ft
73.000 m² / 785,765 sq ft

© Photos
Ari Marcopoulos, Duccio Malagamba, Marcus Buck, Christian Richters, Richard Walch

CENTRAL LOS ANGELES AREA HIGH SCHOOL #9 FOR THE VISUAL AND PERFORMING ARTS

Three sculptural buildings have been placed as chess pieces to accommodate the campus of an arts high school in Los Angeles, which includes a professional theater in addition to a broad spectrum of arts facilities.

The theater complex has a tower that visually connects with other surrounding buildings and a lobby that serves as a public entrance connecting the cultural facilities at the other side of the road.

The theater is used for educational purposes and is open to the public and other institutions. It is fully equipped with a stage, orchestra pit, and stage machinery.

Tres edificios de forma escultural se han situado como piezas de ajedrez para alojar el campus de una escuela de artes que incluye un teatro profesional que se suma al amplio espectro de salas de espectáculos de Los Ángeles.

El complejo teatral tiene una torre que conecta visualmente con otros edificios del entorno, y un *lobby* que sirve como entrada del público y que conecta con las instalaciones culturales del otro lado de la carretera.

El teatro se usa con fines educativos, está abierto al público y a otras instituciones, y tiene un equipamiento completo con escenario, foso de orquesta y almacén de tramoya.

Location
Los Angeles, CA. USA

Completion date
2008

© Photos
Duccio Malagamba

Walt Disney
Concert Hall
Music Center
Cathedral

PAVILION 21 MINI OPERA SPACE

This demountable, mobile pavilion has a capacity for 300 seated spectators or 700 standing, and is home to the experimental performances of the Bavarian State Opera. Despite its seasonal nature, the building has the acoustics of a concert hall thanks to its pyramidal shape and the materials used.

The walls and ceilings are covered with perforated sandwich panels that absorb and soften the sound.

The tips that emerge from the building as spikes are the result of a 3D model created by computer by combining sequences of the song *Purple Haze* by Jimi Hendrix and a passage from Mozart's *Don Giovanni*.

Este pabellón desmontable y móvil tiene capacidad para 300 espectadores sentados o 700 de pie, y acoge las actuaciones experimentales de la Bavarian State Opera. Pese a su carácter temporal, la construcción disfruta de la acústica de una sala de conciertos gracias su forma piramidal y a los materiales utilizados.

Las paredes y techos interiores están revestidos con paneles sándwich perforados que absorben y amortiguan el sonido.

Las puntas que salen del edificio como púas son el resultado de un modelo en 3D generado por ordenador de la combinación de secuencias de la canción *Purple Haze*, de Jimi Hendrix, y un pasaje de *Don Giovanni*, de Mozart.

Location
Munich, Germany

Completion date
2010

Area m² / sq ft
560 m² / 6,028 sq ft

© Photos
Duccio Malagamba

CORNEILLE UEDINGSLOHMANN ARCHITEKTEN

Konrad-Adenauer-Ufer 83
D-50668 Cologne
GERMANY

www.cue-architekten.de

The team of Corneille Uedingslohmann Architekten are dedicated to finding comprehensive solutions in the fields of architecture and shop design. Together with their long-term clients, the company boasts a wide variety of successfully completed projects, national and international publications, as well as various awards and prizes, dating from the studio's foundation by Yves Corneille and Peter Uedingslohmann in 2002.

El equipo de Corneille Uedingslohmann Architekten se dedica a soluciones integrales en los campos de la arquitectura y el diseño de tiendas. Junto con sus clientes de hace tiempo, la empresa cuenta con una amplia variedad de proyectos realizados con éxito, publicaciones nacionales e internacionales, así como varios galardones y premios desde la fundación del estudio por Yves Corneille y Peter Uedingslohmann en 2002.

ESPRIT FRANKFURT

A spectacular new identity was developed for the company's largest store in the world, showcasing the brand over five levels linked by oversized ceiling openings. A new, extra-long escalator leads directly to the men's collection on the second floor. The LED facade echoes its prototype in Hong Kong.

Para la tienda más grande del mundo de la compañía, se desarrolló una nueva y espectacular identidad de tienda, mostrando la marca en cinco niveles unidos por aperturas de techos de gran tamaño. Una nueva escalera mecánica extralarga conduce directamente a la colección de hombres en el segundo piso. La fachada LED hace eco a su prototipo en Hong Kong.

Location
Zeil Shopping Promenade
Frankfurt, Germany

Completion date
2010

Area m² / sq ft
3.600 m² / 38,750 sq ft

© Photos
Corneille Uedingslohmann Architekten
and Esprit

LRRH BERLIN

With a nod towards the Brothers Grimm, this concept store constitutes a tri-dimensional stage for a fairy tale world. The digital manufacturing process gives rise to a cohesive shape pulling the two sales floors into one spatial continuum while illustrating the use of technology in interior design.

Con un guiño hacia los hermanos Grimm, este *concept store* construye un escenario tridimensional para un mundo de cuento de hadas. El proceso de fabricación digital dio lugar a una forma cohesiva que convierte los dos pisos de ventas en un único espacio continuo, al tiempo que ilustra el uso de la tecnología en diseño interior.

Location
Friedrichstraße
Berlin, Germany

Completion date
2003 / 2004

Area m² / sq ft
370 m² / 3,987 sq ft

© Photos
Corneille Uedingslohmann Architekten

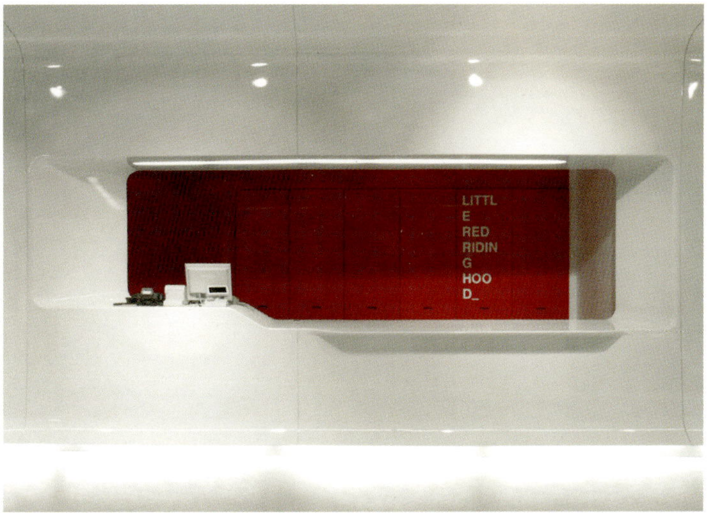
LITTL
E
RED
RIDIN
G
HOO
D_

ELB STUTTGART

Harnessing the potential of the large open sales area and confidently applying the appropriate design approach creates a unique shopping atmosphere. Achieved through a mix of fashionable lifestyle items and modern understated furnishings, its design harmonizes with the premium merchandise on display.

Aprovechando el potencial de la gran superficie comercial abierta y aplicando con confianza los medios adecuados de diseño se creó un ambiente comercial único. Se logró a través de una mezcla de elementos de estilo de vida actual y muebles modernos y discretos. Su diseño armoniza con los artículos de gran calidad que se exponen.

Location
Gerber Stadtkaufhaus
an der Paulinenbrücke
Stuttgart, Germany

Completion date
2014

Area m² / sq ft
1.300 m² / 13,993 sq ft

© Photos
Corneille Uedingslohmann Architekten

ELB

COMMERCIAL BUILDING HONG KONG

The base of an existing high-rise has been completely redeveloped for this store.
To create an eye-catching façade, a multimedia shop front featuring glass lenses backlit with LED technology was designed. The dynamic display generates an interactive image over the 1,000 sqm of the façade's surface.

Para esta tienda, se reconstruyó completamente la base de un rascacielos existente. Para crear una fachada llamativa, diseñamos un escaparate multimedia con lentes de vidrio retroiluminadas con tecnología LED. La pantalla dinámica genera una imagen interactiva en más de 1.000 metros cuadrados de área de fachada.

Location
Tsim Sha Tsui
Hong Kong, China

Completion date
2009

Area m² / sq ft
1.000 m² / 10,764 sq ft

© Photos
Corneille Uedingslohmann Architekten

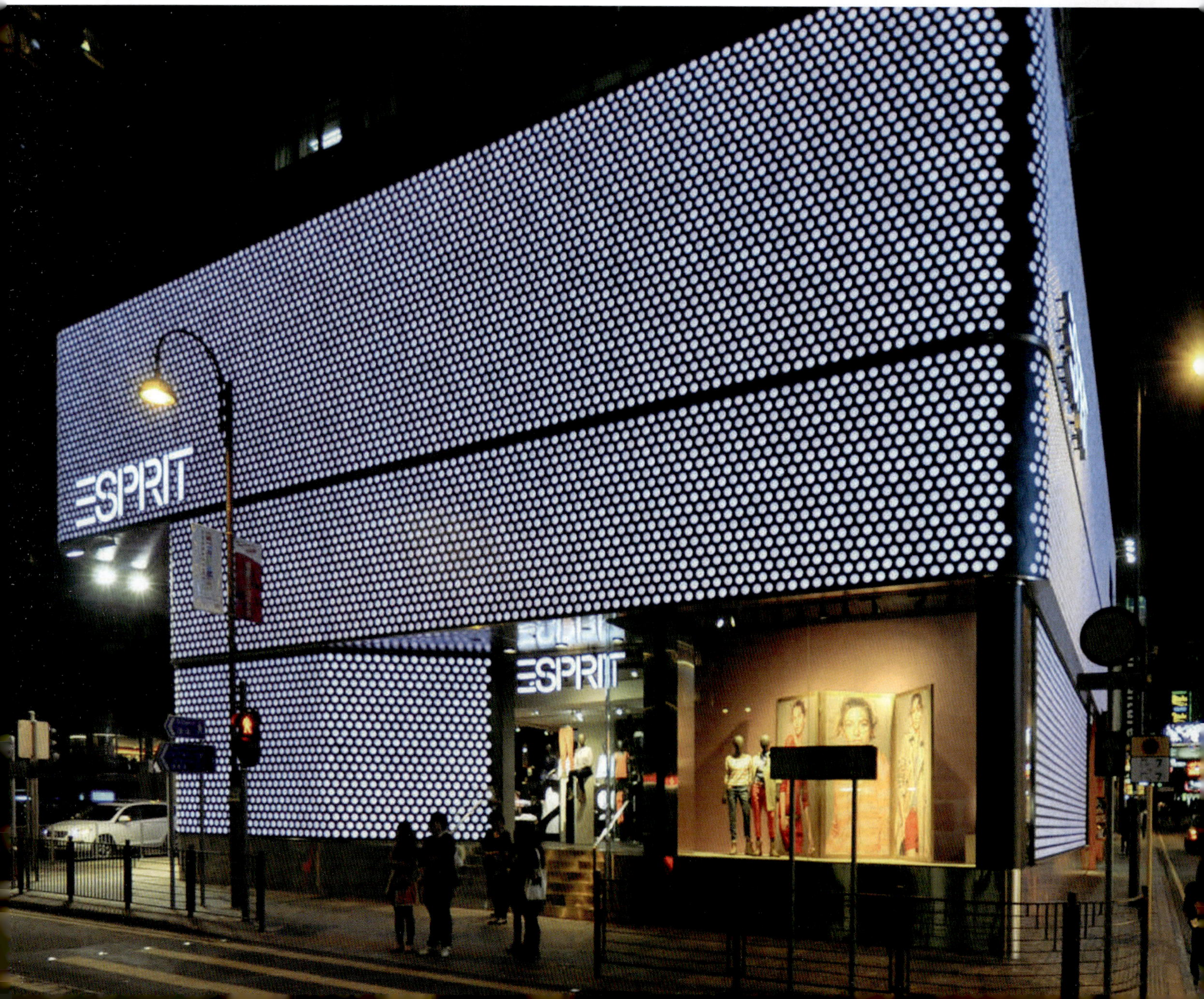

ESPRIT
ESPRIT

ESPRIT
ESPRIT

DAAA HAUS

The Gallery, Viale Europa 163
97100 Ragusa
ITALIA

www.daaahaus.com

DAAA HAUS COMPLETE DESIGN SERVICE is a multidisciplinary practice and design process by mixing parameters, such as strategies and systems, techniques and tools, materials and technology, as well as other relevant lifestyle and cultural issues. Bringing together the skills, talents and passion for eye-catching, innovative and functional design, DAAA complete design service helps clients rediscover how design can work for them and how excellent and beautiful design can increase their return on their investment. Whereas the approach taken by many designers is usually based only on aesthetics, we also give great attention to lifestyles when dealing with residential projects, whilst culture and consumer behaviors are at the heart of every commercial project.

DAAA HAUS COMPLETE DESIGN SERVICE es un estudio multidisciplinar y un proceso de diseño que combina parámetros, tales como estrategias y sistemas, técnicas y herramientas, materiales y tecnología, así como otros temas relevantes de estilo de vida y cultura. Uniendo las habilidades, los talentos y la pasión por el diseño llamativo, innovador y funcional, el servicio de diseño DAAA ayuda a los clientes a redescubrir cómo el diseño puede trabajar para ellos y cómo el diseño excelente y bonito puede aumentar el retorno de su inversión.
Mientras que el enfoque de muchos diseñadores se basa en la estética, nosotros también prestamos gran atención a los estilos de vida a la hora de abordar proyectos residenciales, al mismo tiempo que la cultura y el comportamiento de los consumidores son el corazón de cada proyecto comercial.

BOTTONE

Bottone Specialist Pasticerria, situated in the heart of Milan, is not your typical Italian pastry shop. Bottone, being the surname of the founding brothers, inspired the brand identity; stylised red button symbolising the surname and seal of quality. Daaa Haus along with sister company Logix Creative have come up with a concept giving the product and establishment a strong, luxurious brand experience. This has been achieved through the effect of minimal and clean designs, the use of luxurious material, brass trimmings and touches of designer elements such as Vondom Stools and Flos Lighting. When passing by the luxurious facade, one would think it is a prestigious jewellery shop. In the case of Bottone, the 'Cannol' is representing the diamond. Transforming a purely Mediterranean product into a high end food delicacy that keeps up with the fast moving, stylish Milan lifestyle.

Bottone Specialist Pasticerria, en el corazón de Milán, no es la típica pastelería italiana. Bottone, apellido de los hermanos fundadores, inspiró la identidad de la marca: un botón rojo estilizado que simboliza el apellido y el sello de calidad. Daaa Haus, junto con la empresa hermana Logix Creative, han ideado un concepto que da al producto y al establecimiento una experiencia de marca fuerte y lujosa. Esto se ha logrado a través de diseños minimalistas y limpios, el uso de materiales lujosos, adornos de latón y toques de elementos de diseño como Vondom Stools y Flos Lighting. Al pasar por la lujosa fachada, uno pensaría que es una prestigiosa joyería. El' Cannolo' representa el diamante. Transformar un producto puramente mediterráneo en una exquisitez culinaria de alta calidad que se adapte al rápido y elegante estilo de vida milanés.

Location
Milan, Italy

Completion date
2017

Area m² / sq ft
25 m² / 269 sq ft

© Photos
Simon Trevisan

BURLINGTON OFFICES

DAAA Haus was approached by Multilotto, a well established betting company, to create an interesting concept for their new boutique style office. The fusion between industrial and minimal design, use of vibrant colours and clean, modern finishes reflect the ethos of the business centre ; that is, to create an environment that allows like minded people from the arts, tech and design industries to network and share ideas, or to even collaborate on projects. The space is open plan which also contributes to the interaction, satisfaction, productivity and creativity of its fellow employees. Burlington business centre also offers access to spaces for hosting corporate events, seminars, shows and social gatherings

Multilotto, una empresa de apuestas bien establecida, contactó con DAAA Haus para crear un concepto interesante para su nueva oficina de estilo *boutique*. La fusión entre diseño industrial y minimalista y el uso de colores vibrantes y acabados limpios y modernos reflejan el espíritu del centro de negocios; es decir, crear un entorno que permita a personas afines de las industrias del arte, la tecnología y el diseño establecer redes y compartir ideas, o incluso colaborar en proyectos. El espacio es de plano abierto, lo cual también contribuye a la interacción, satisfacción, productividad y creatividad de sus colaboradores. Burlington Business Center también ofrece acceso a espacios para la organización de eventos corporativos, seminarios, espectáculos y reuniones sociales.

Location
St Julian's, Malta

Completion date
2017

Area m² / sq ft
780 m² / 8,396 sq ft

© Photos
Darren Aguis

MULTI
LOTTO

MULTI
LOTTO

BLT

DAAA Haus and sister company Logix Creative, were once again approached by a coffee shop to design the interiors and branding of their products. BLT; Bagel, Loaf, Toast, is a small sandwich bar. One cannot get more basic than a sandwich when deciding what to eat, therefore, DAAA Haus have decided to create a simple, clean , minimal design. The concept behind BLT is to keep up with the fast moving lifestyle. It follows the 'grab 'n go' routine. Although minimal, the branding brings out the playfulness behind the concept. The red Nolita stools from the Pedrali Line, add a reviving pop of colour to the space, along with birch plywood, which offers a touch of elegance and smooth finish to the products. Toscot Lighting has also contributed to the lively atmosphere. The designers also collaborated with local artists, Starcross Projects.

DAAA Haus y la empresa hermana Logix Creative, fueron contactados por una cafetería para diseñar los interiores y la marca de sus productos. BLT, Bagel, Loaf, Toast, es un pequeño bar de sándwiches. No se puede obtener nada más básico que un sándwich a la hora de decidir qué comer, por lo tanto, DAAA Haus decidió crear un diseño simple, limpio y minimalista. Sigue la rutina de "listo para llevar". Aunque minimalista, la marca hace resaltar el carácter lúdico del concepto. Los taburetes Nolita rojos de la línea Pedrali, añaden un toque revitalizante de color al espacio, junto con el contrachapado de abedul, que ofrece un toque de elegancia y acabado suave a los productos. Las lámparasToscot también contribuyen a crear un ambiente animado. Los diseñadores también colaboraron con artistas locales, Starcross Projects.

Location
Gzira, Malta

Completion date
2016

Area m² / sq ft
70 m² / 753,4 sq ft

© Photos
Elsa Allen

Bag
SANDWICH
A PLATE!
PAUL LYNDE
Tyrrells

PUSH
Tyrrells
Lentil Chips

MACCHIATO
09
THICK HOT
CHOCOLATE
SANDWICH
ARE WOND
YOU DON'T
A SPOON O
A PLATE!
PAUL LYNDE
PUSH

PICK YOUR COFFEE
ESPRESSO
DOUBLE ESPRESSO
ESPRESSO MACCHIATO
LATTE MACCHIATO
CAFFÈ MOCHA
AMERICANO
CAPPUCINO
HOT CHOCOLATE
THICK HOT CHOCOLATE

Tyrrells
Lentil Chips

PICK YOUR COFFEE
01
ESPRESSO
02
DOUBLE ESPRESSO
03
ESPRESSO MACCHIATO
05
CAFFÈ MOCHA
06
AMERICANO
07
CAPPUCINO
08
HOT CHOCOLATE
09
THICK HOT CHOCOLATE
Tyrrells
Lentil Chips

ANTHEA PREZIOSI

The project of Anthea Preziosi jewellery represents an urban redevelopment intervention in one of the most important commercial streets of Ragusa. The building was designed to be coherent with the little building next door that dated back to the early Twenties. Part of the first floor, was converted into a terrace, a stunning signature feature of the building due to its trees, greenery and mesh surroundings. The intervention was focused on the redrawing of the facade: a new corten shell, characterised by a grid of thin, light coloured lines running through it. This encloses the building, aligning its height with that of the near buildings. The use of thin lines and geometric shapes on the facade suggests a sense of rhythm and draws the eye, creating a more formal atmosphere.

El proyecto de joyería Anthea Preziosi representa una operación de remodelación urbana en una de las calles comerciales más importantes de Ragusa. El edificio fue diseñado para ser coherente con el pequeño edificio de al lado que se remonta a principios de los años veinte. Parte de la primera planta, se convirtió en una terraza, característica distintiva del edificio por sus árboles, vegetación y el entramado de malla. La remodelación se centró en el rediseño de la fachada: una piel de acero corten, caracterizada por una rejilla de finas líneas de color claro que la atraviesa, que encierra el edificio, alineando su altura con la de los edificios cercanos. El uso de líneas finas y formas geométricas en la fachada sugiere una sensación de ritmo y atrae la atención, creando una atmósfera más formal.

Location
Ragusa, Italy

Completion date
2016

Area m² / sq ft
70 m² / 753 sq ft

© Photos
Marcello Bocchieri

UNO de 5

ISOLA BELLA

ISOLA BELLA

UNO de 50
UNO de 50

DESIGN SPIRITS CO.

2-18-2-202 Ohara Setagaya
156-0041 Tokyo
JAPAN

www.design-spirits.com

Yuhkichi Kawai was born in Tokyo in 1967and is the chief designer and co-founder of design spirits co, a firm that was established in 2003. His first success was the Feast Village (2005) in Kuala Lumpur, for which he won the Silver Medal and Merit Award from the Malaysian Society of Interior Designers (MSID). The project was also recommended in the guides of the specialist magazine Wallpaper. It has also won numerous awards for his design of the restaurant Beijing No 9, including the award for the Best Store in Japan, and Great Indoor Award (Netherlands) in 2009. The same year, in Singapore, The Nautilus Project won the Japanese Society of Commercial Space Designers award (JCD). Also, the Niseko Lookout Café in Japan won the Restaurant & Bar Designs Award in 2011 (United Kingdom).

Yuhkichi Kawai nació en Tokio en 1967 y es el jefe de diseño y cofundador de design spirits co., firma que se creó en 2003. Su primer éxito fue el proyecto Feast Village de 2005 en Kuala Lumpur, que ganó la medalla de plata y el premio al mérito de la Sociedad Malaya de Diseñadores de Interiores. Este proyecto además apareció recomendado en las guías de la revista especializada *Wallpaper*. También ha conseguido numerosos premios con el restaurante Beijing Noodle No.9, como el Best Store Award de Japón y el Great Indoor Award de los Países Bajos en 2009. El mismo año, el Nautilus Project, en Singapur, obtuvo el galardón de la Asociación de Diseñadores de Entornos Comerciales de Japón (JCD). Por su parte, el Niseko Lookout Café de 2010 en Japón se alzó con el Restaurant & Bar Designs Award 2011 entregado en el Reino Unido.

BEIJING NOODLE NO.9

THE HUTONG PROJECT

NISEKO LOOK OUT CAFÉ

NAUTILUS PROJECT

ROOTZ

BEIJING NOODLE NO.9

The restaurant is located next to the hotel's casino, which is naturally an area with a lot of noise and movement. To counteract this, and taking advantage of the fact that there are no support columns throughout the space, a peaceful, almost surreal, atmosphere has been created, utilizing a unique pattern on all surfaces.

The double walls are continued on the ceiling and are composed of a panel with elegant steel arabesques in conjunction with another panel in a glossy finish. The intense lighting filters through the drawings and is projected onto the table, creating a special atmosphere. Once visitors enter through the front door, they are immersed in a sparkling hall flanked by water tanks full of orange fish. The effect is reproduced in the transparent glasses with spots of the same color.

El restaurante está situado al lado del casino del hotel Caesars Palace, naturalmente una zona de mucho ruido y movimiento. Para contrarrestar, y aprovechando que no existen columnas de soporte en todo el espacio, se ha creado una atmósfera tranquila, un entorno surrealista a partir de un único patrón en todas las superficies.

Las paredes dobles continúan en el techo y están compuestas de un panel en acero con elegantes arabescos sobre otro con acabado brillante. La iluminación intensa se filtra a través de los dibujos, se proyecta en la mesas y genera un ambiente especial. Una vez se traspasa la puerta de entrada, el visitante se sumerge en un pasillo chispeante flanqueado por depósitos de agua con peces naranjas. El efecto se reproduce en los vasos transparentes con manchas del mismo color.

Location
Caesars Palace, Las Vegas, NV. USA

Completion date
2008

Area m² / sq ft
297 m² / 3,196 sq ft

© Photos
Barry Johnson

THE HUTONG PROJECT

For the re-decoration of a food court located in the basement of a shopping mall, a street-like environment dominated by an invisible chaos with a touch of nostalgia has been emulated. Despite this, the space also has a futuristic look thanks to the exposed air ducts.
The designers anticipated that there would be changes due to the needs of the store owners, and for this reason they left the rooms open for flexibility.
Food stalls are located along an intricate layout, like a maze. This helps to create more intimate spaces for interaction between the storekeepers and their customers.

Para la redecoración de un patio de comidas situado en la planta subterránea de un centro comercial, se ha emulado el ambiente de la calle dominado por un caos invisible y con cierto aire de nostalgia. Aún así, el espacio también tiene un aspecto futurista gracias a que los conductos de aire quedan expuestos.
El diseño prevé que habrá cambios en las necesidades de los comerciantes, por ello se deja un margen de flexibilidad.
Los puestos de comida están situados sobre un trazado intrincado como un laberinto. Esto ayuda a crear espacios de interacción más íntimos entre los comerciantes y sus clientes.

Location
Kuala Lumpur, Malaysia

Completion date
2009

Area m² / sq ft
1.980 m² / 21,312 sq ft

© Photos
Toshihide Kajiwara

泰式料理迷你鍋
Thai Corner
Mini Wok

KLUANG
STATION

KLUANG
STATION

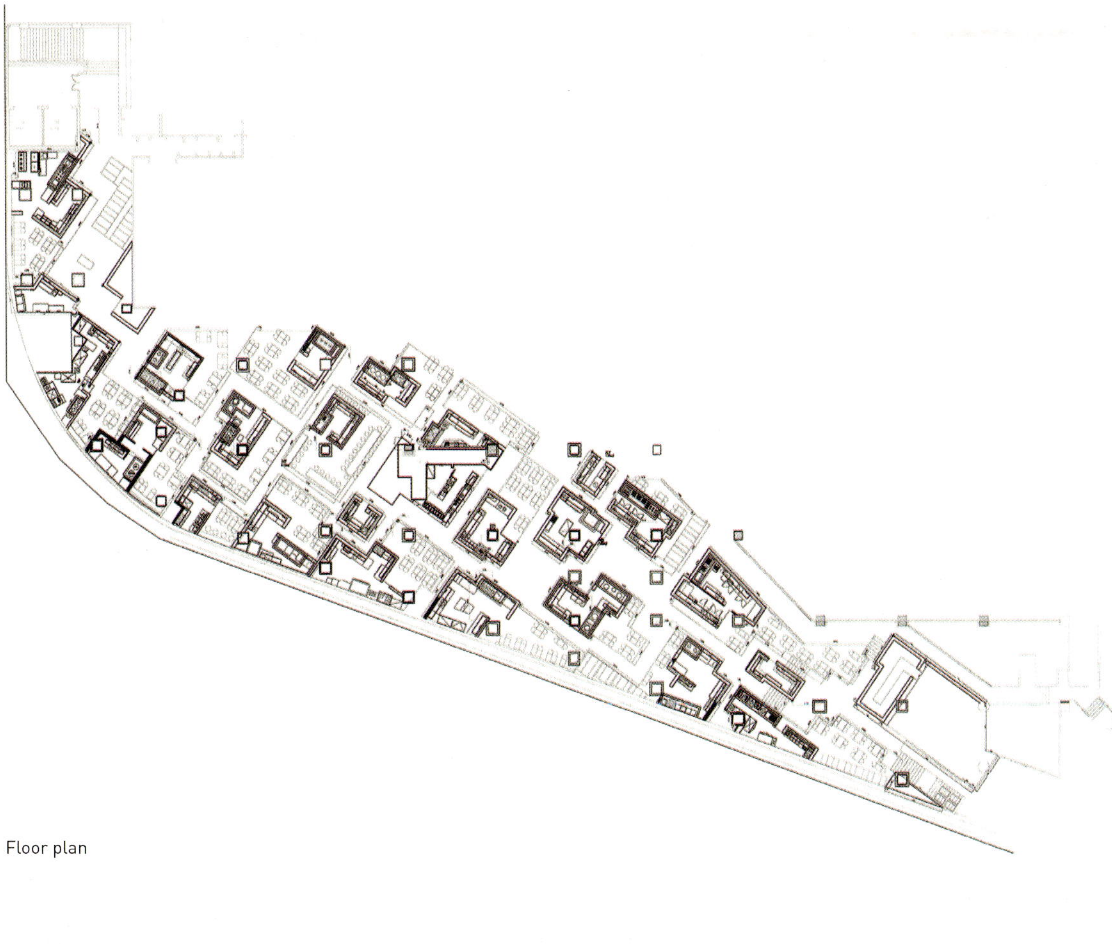

Floor plan

淋麵屋
LAMMEEYA™
淋麵屋
LAMMEEYA™
淋麵的由來

NISEKO LOOK OUT CAFÉ

This café for skiers, which opens only during the winter, was built almost entirely out of wood thirty years ago. For its refurbishment, a vertical wooden framework was used as the main material to represent the Japanese identity.
The lighting creates interesting effects thanks to the light sources that pass through the wooden framing. A feeling of warmth and security floods the environment where ceilings of different heights and sizes are found.
The wooden framings acquire different levels of robustness depending on usage. When they separate rooms they are semi-transparent and allow light to pass easily. At other times, they are embedded into the walls with contrasting designs.

Este café para esquiadores, que abre solamente durante el invierno, fue construido hace casi treinta años completamente en madera. Para su remodelación, se utilizó la madera como material principal para representar la identidad japonesa.
La iluminación genera interesantes efectos gracias a que las fuentes de luz atraviesan el entramado de madera. Un sentimiento de calidez y seguridad inunda un ambiente en que se encuentran techos de diferentes alturas y tamaños.
Los entramados adquieren diferentes niveles de solidez según la función. Cuando separan ambientes son semitransparentes y dejan pasar la luz fácilmente. Otras veces, aparecen empotrados en paredes con contrastados diseños.

Location
Hokkaido, Japan

Completion date
2010

Area m² / sq ft
172 m² / 1,846 sq ft

© Photos
Toshihide Kajiwara

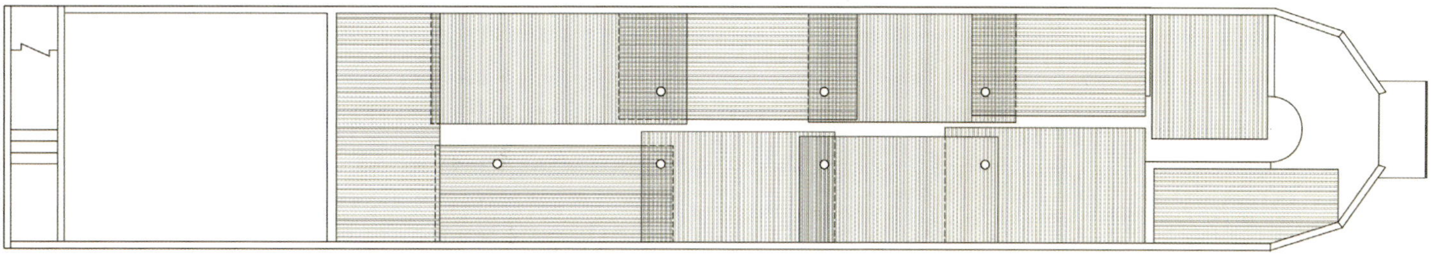

Floor plan

NAUTILUS PROJECT

This restaurant is located on the fourth floor of a shopping mall and flanked by eateries. Instead of a façade, an entry hall has been designed that leads the customer to the heart of the establishment. The space is divided using curved panels made of wooden frames so that the room resembles a rib cage.
The kitchen and the toilets remain in semi-enclosed capsules hidden behind wooden panels.

Este restaurante está situado en la cuarta planta de un centro comercial, flanqueado por otros locales dedicados a la gastronomía. En lugar de una fachada, se ha diseñado una entrada en forma de pasillo que conduce al cliente al corazón mismo del establecimiento.
El espacio está dividido con paneles curvos formados por armazones de madera que recuerdan a un costillar.
La cocina y los lavabos quedan semiocultos detrás de unas cápsulas delimitadas por hojas de madera.

Location
Singapore, Singapore

Completion date
2009

Area m² / sq ft
502 m² / 5,403 sq ft

© Photos
Toshihide Kajiwara

the nautilus project

Floor plan

ROOTZ

The club is dominated by a huge photograph showing the hall of a Russian palace. The image appears on the wallpaper and on organza cloth hanging in front so that the overlap creates a ghostly appearance.
Contrary to the common aesthetic of clubs, often characterized by darker environments, in this case a bright and luminous space has been created so that the design can be seen and enjoyed in its entirety.
The images of the palace have been edited to fit the space it will occupy in the different areas of the club.

El club está dominado por una enorme fotografía del vestíbulo de un palacio ruso. La imagen aparece en el revestimiento de papel sobre la pared y sobre una tela de organza colgada en frente, de manera que la superposición produce un efecto fantasmagórico.
Contrariamente a la estética común de los clubs caracterizados por ambientes oscuros, para este caso se ha ideado un espacio brillante y luminoso donde el diseño se ve y se disfruta en su totalidad.
Las imágenes del palacio han sido retocadas para adaptarse al espacio que ocuparán en las diferentes superficies del club.

Location
Kuala Lumpur, Malaysia

Completion date
2009

Area m² / sq ft
652 m² / 7,018 sq ft

© Photos
Toshihide Kajiwara (photo of the Palace) & Zainudin Ashard (photos of the project)

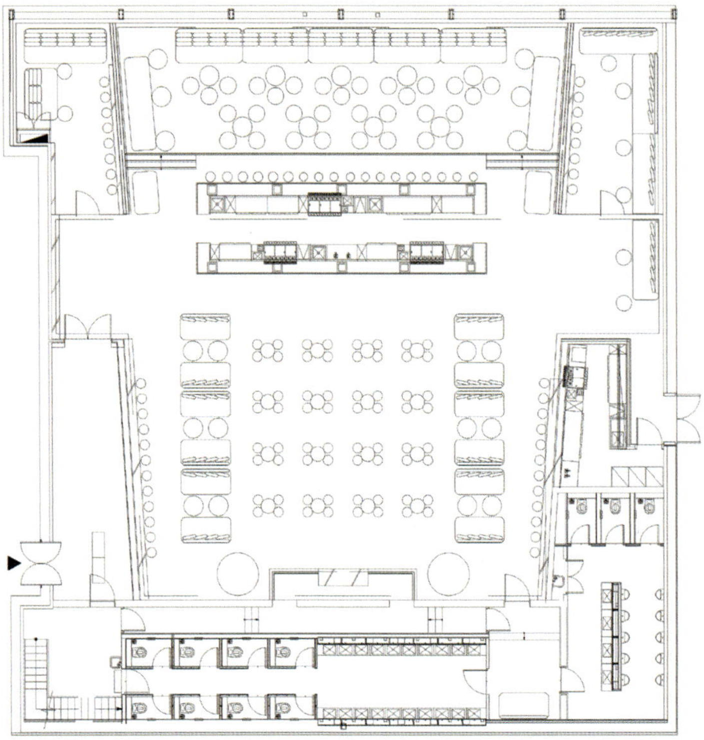

Floor plan

DUCCIO GRASSI ARCHITECTS

48 Via San Marco
20121 Milano
ITALY

14 b/c Via Jodi
42121 Reggio Emilia
ITALY

www.ducciograssiarchitects.com

Duccio Grassi began working in the mid-1980s with the Max Mara group, helping define and develop the then almost pioneering field of retail design. He designed buildings and store concepts, and his studio still works today on concepts and flagship stores for leading brands. He also formed a long partnership with the Canali luxury menswear brand. In the Middle East, Dubai and Kuwait, DGA has designed, among the other things, private residences, shopping centres and headquarters. Duccio Grassi Architects is presently working on luxury villas, as well as exclusive hotels.

Duccio Grassi comenzó a mediados de la década de los 80 a trabajar con el grupo Max Mara, contribuyendo a la definición y la innovación del campo casi pionero del diseño comercial. Diseñó edificios y conceptos de tienda; de hecho, la oficina todavía trabaja hoy en los conceptos y las tiendas insignia de marcas líderes. Estuvo también asociado durante mucho tiempo con la marca de moda masculina del lujo Canali. En el Medio Oriente, Dubái y Kuwait, DGA ha diseñado, entre otros, centros comerciales privados para zonas residenciales y oficinas centrales en Dubai y Kuwait. Duccio Grassi Arquitectos está actualmente trabajando en villas de lujo, así como en hoteles exclusivos.

AL HAMRA LUXURY COMPLEX

ZARA ROMA PALAZZO BOCCONI

MAX MARA FLAGSHIP STORE MADISON AVENUE

AL HAMRA LUXURY COMPLEX

Duccio Grassi designed the interiors of the main public spaces of the Al Hamra Tower. The project was developed within the structure's limitations, accepting them as a challenge. The Main Lobby is the most complicated and representative area of the entire building: a space with impressive dimensions dominated by a suspended sculpture: an art-feature intertwined within a complex design. This structure connects the Main Lobby to the shopping centre, becoming the project's leitmotiv. It is also reflected in the lines combining the different stones of the flooring, where angles and diagonal shafts of light create a captivating design. The central area is more fluid evoking the conviviality of the traditional Italian *piazza*.

Duccio Grassi diseñó los interiores de los principales espacios públicos de la Torre AlHamra.
El proyecto se desarrolló dentro de los límites de la estructura, considerando esto como estímulo. El vestíbulo principal es la zona más complicada y representativa de todo el edificio: un espacio de impresionantes dimensiones dominado por una escultura suspendida: una característica artística entrelazada en un complejo diseño. Esta estructura conecta el vestíbulo principal con el centro comercial, convirtiéndose en el leitmotiv del proyecto. Este espacio es recordado por las líneas que combinan diferentes piedras del suelo, mientras que los ángulos y los cortes diagonales de luz crean un diseño cautivador. La zona central es más fluida y evoca la convivencia de una plaza italiana tradicional.

Location
Kuwait City, Kuwait

Completion date
2013

Area m² / sq ft
23.000 m² / 247,570 sq ft

© Photos
Andrea Martiradonna

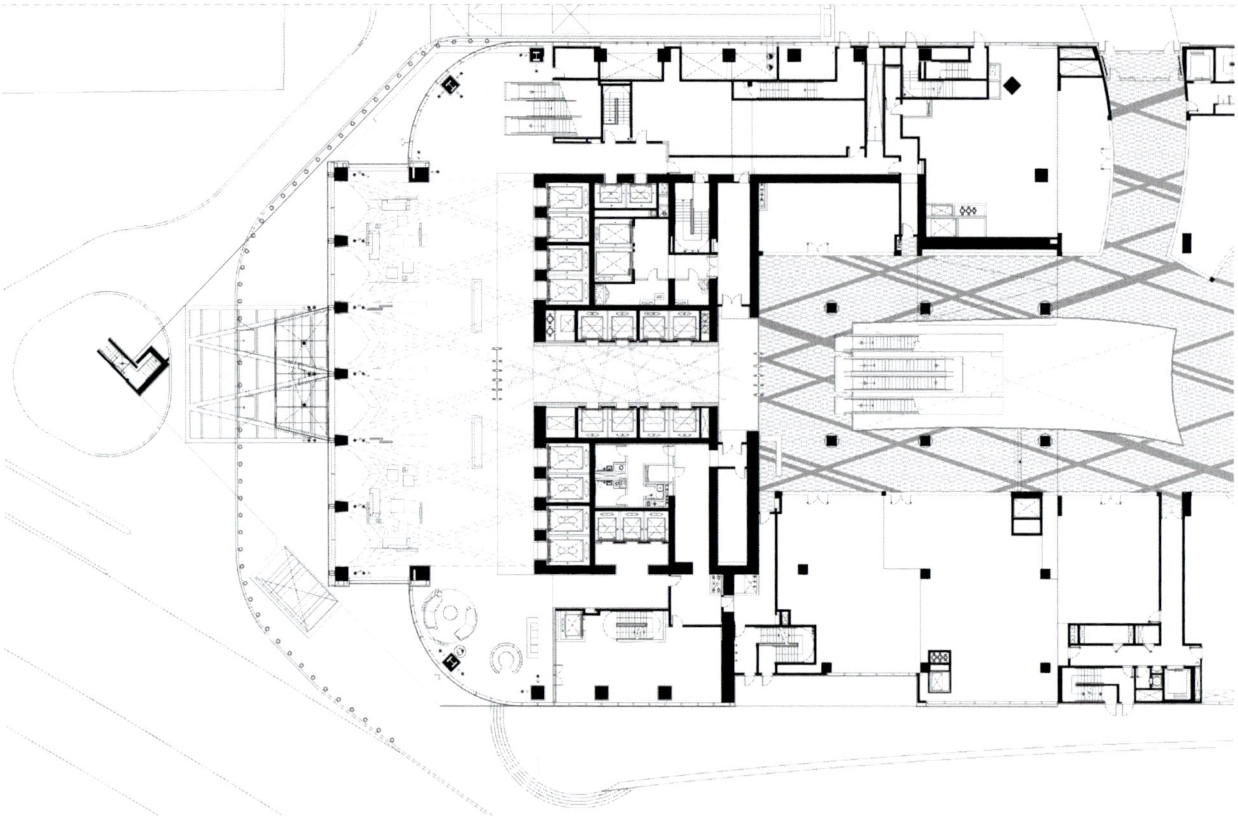

Floor plan

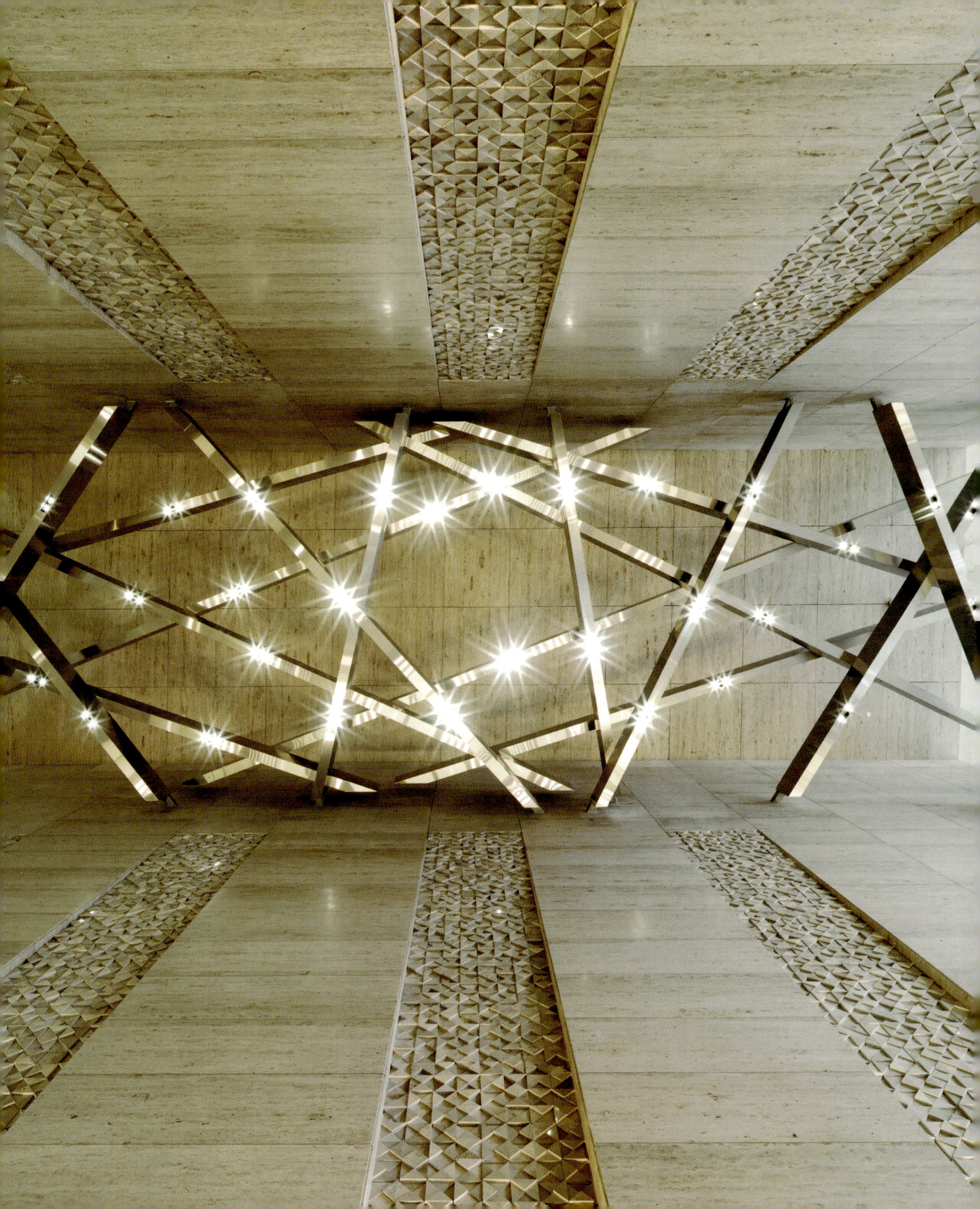

RECEPTION

OFFICINE
PANERAI

ZARA ROMA PALAZZO BOCCONI

Palazzo Bocconi, an almost cubic neo-renaissance building was originally designed with a commercial aim. The project creates a harmony between modern requirements and those already existing.
Restoring the lightness, transparency, and the sleekness of the original floors became a must, furthermore, the central patio could not act as a host to icons as it was, itself, iconic.
The original windows have been restored and reopened, the façade acts like an osmotic membrane embracing all floors. Air-conditioning conduits have been located in a solid tourus embracing the central patio.
The design of the furniture reflects the brand's values: freshness and contemporaneity together with the search for a strong, modern, and new identity.

El Palazzo Bocconi, un edificio casi cúbico neorenacentista fue diseñado originalmente con un objetivo comercial. El proyecto debe crear la armonía entre los requisitos modernos y los existentes.
Restaurar la ligereza, la transparencia, la esbeltez de los pisos originales se convirtió en una necesidad, además, el patio central no puede albergar iconos, ya que es un icono en sí.
Las ventanas originales han sido restauradas y reabiertas, la fachada actúa como una membrana osmótica que abarca todas las plantas. Los canales de climatización se han situado en un sólido volumen toroidal que abraza el patio central.
El diseño de los muebles refleja los valores de la marca: frescura, contemporaneidad junto a la búsqueda de una identidad fuerte, moderna y nueva.

Location
Rome, Italy

Completion date
2010

Area m² / sq ft
4.462 m² / 48,028 sq ft

© Photos
Andrea Martiradonna

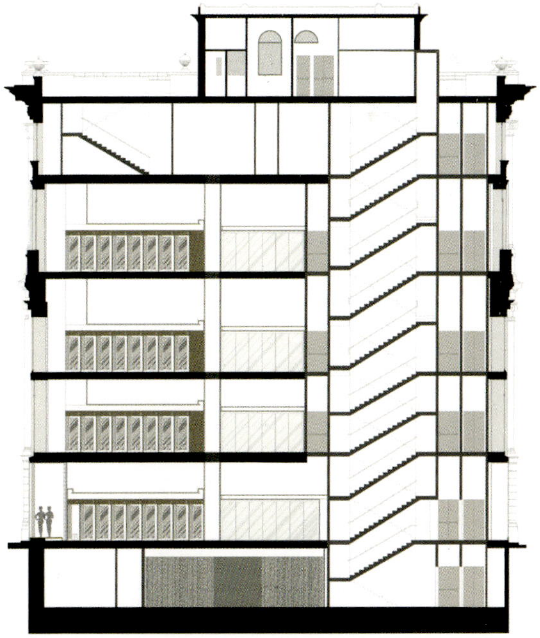

Sections

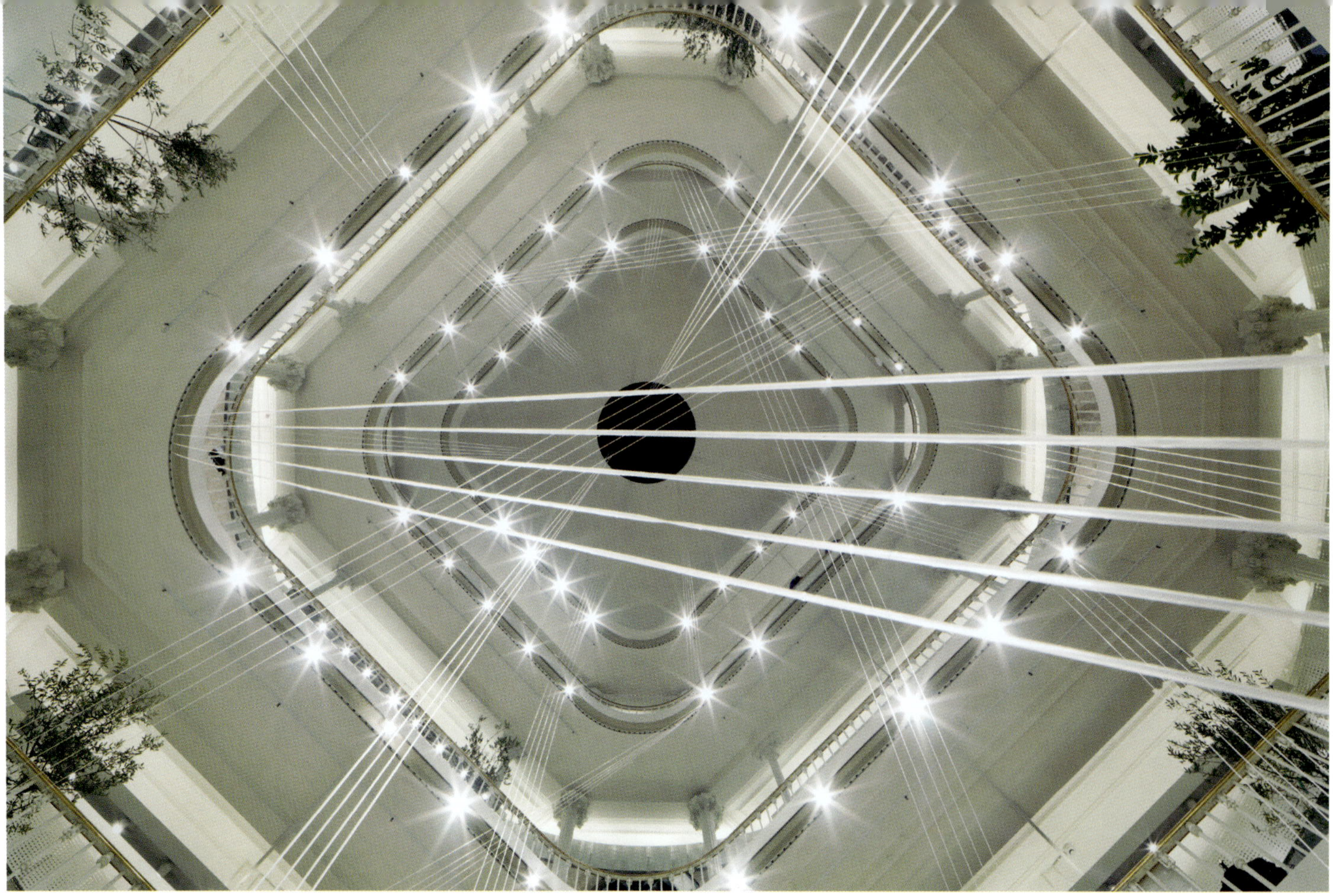

ALLE CITTÀ D'ITALIA
ZARA

MAX MARA FLAGSHIP STORE MADISON AVENUE

The building, originally designed for residential use, was then converted into a commercial venue. The refurbishment received an award for the best of the year in the Upper East Side.
The project seeks a dialogue between volumes and layered forms, asking an environment with its own identity to accommodate unexpected shapes and materials.
The entrance floor is made of Ceppo stone, the material used in Milanese palaces. Floorings reproduce the geometric patterns of the original residence.
On the walls, plaster alternates with stone and craftsmanship treated brass, and contrasting with the original bricks of the building. The diffused chandelier has been specially designed for this project.

El edificio, originalmente diseñado para uso residencial, fue adaptado al uso comercial. La renovación fue premiada como la mejor del año en el Upper East Side.
El proyecto busca el diálogo con volúmenes y formas estratificadas, solicitando un entorno con su propia identidad para acomodar formas y materiales inesperados.
La planta de entrada está revestida de piedra ceppo, material utilizado en los palacios milaneses. Los suelos, con patrones geométricos, reproducen las geometrías la residencia original.
En la pared se alterna el yeso con la piedra y el bronce tratado artesanalmente que contrasta con los ladrillos originales del edificio. La lámpara de techo se ha diseñado específicamente para este proyecto.

Location
New York, NY. USA

Completion date
2017

Area m² / sq ft
611 m² / 6,577 sq ft

© Photos
Bryant Botero, Luca Pioltelli

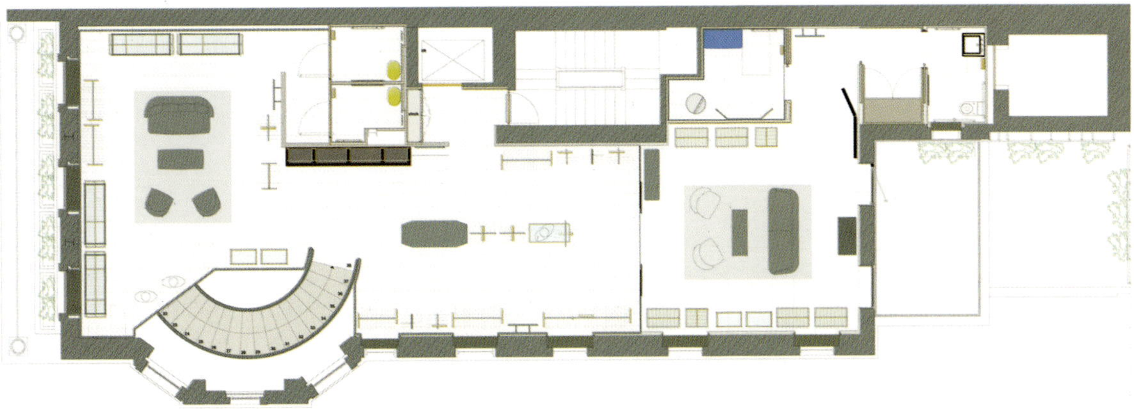

Second floor plan

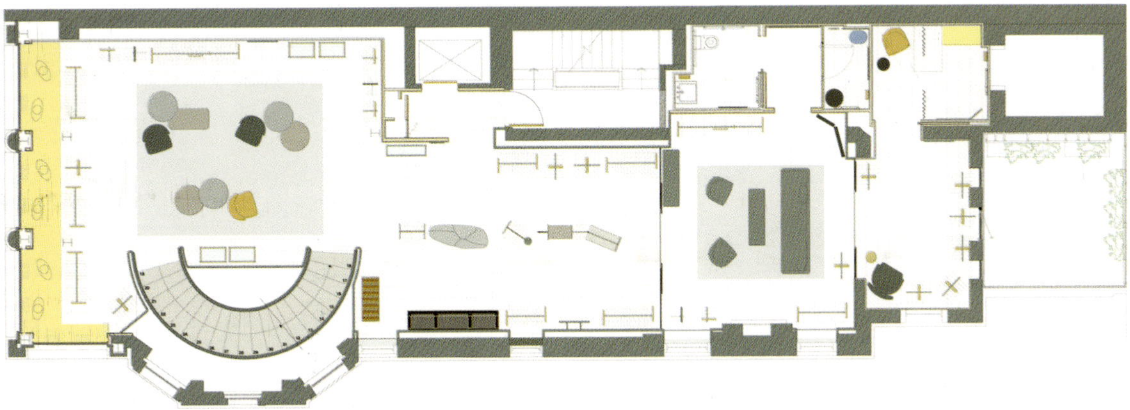

First floor plan

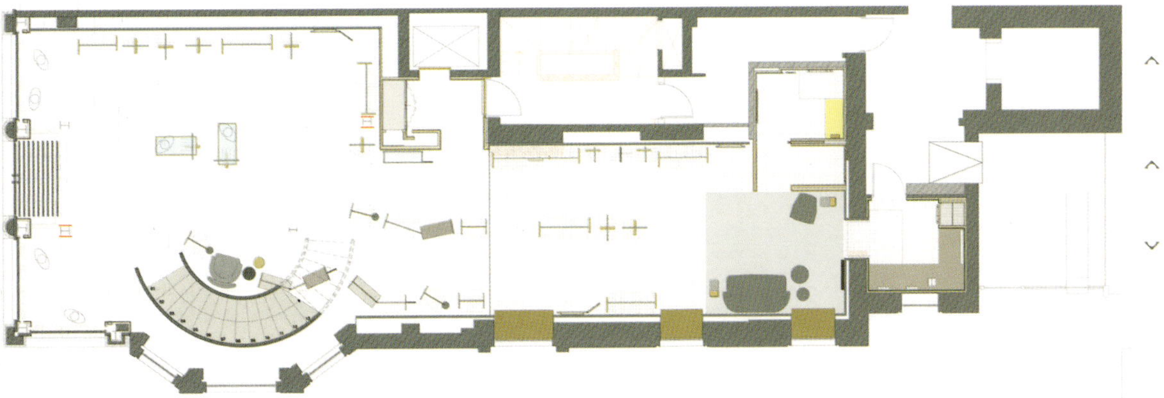

Floor plan

FUMITA DESIGN OFFICE

Masa House 3F,
11-21 Saragakucho, Shibuya-ku
150-0033 Tokyo
JAPAN

www.fumitadesign.com

Born in 1962 in Osaka, Akihito Fumito obtained a degree in Design in 1985 from the University of Art in his hometown. In the same year, he started to work in the RIC DESIGN studio. In 1995, he founded his own architecture and design studio, Fumito Design Office. Since then he has received numerous awards, such as the JCD Design Award 1997, the Good Design Award 2001, the Display Design Award 2003, and SDA Awards 2010. His creations include Natural Body, the Nissan Ginza Gallery, the Nissan stand for the Tokyo Motor Show, the basement of the Takashimaya department store in Osaka and many more. He has also worked in the field of private homes..

Nacido en 1962 en Osaka, Akihito Fumita obtuvo la titulación en Diseño por la Universidad de Arte de su ciudad en 1985. En ese mismo año ingresó en el estudio RIC DESIGN. En 1995 fundó su propio despacho de arquitectura y diseño, Fumita Design Office. Desde ese momento ha recibido numerosos premios, tales como el JCD Design Award 1997, el Good Design Award 2001, el Display Design Award 2003 y un SDA Awards 2010. Destacan sus creaciones Natural Body, Nissan Ginza Gallery, el *stand* de Nissan para el Salón del Motor de Tokio, la planta sótano de los grandes almacenes Takashimaya en Osaka y muchos más. También ha trabajado en el campo de las residencias privadas.

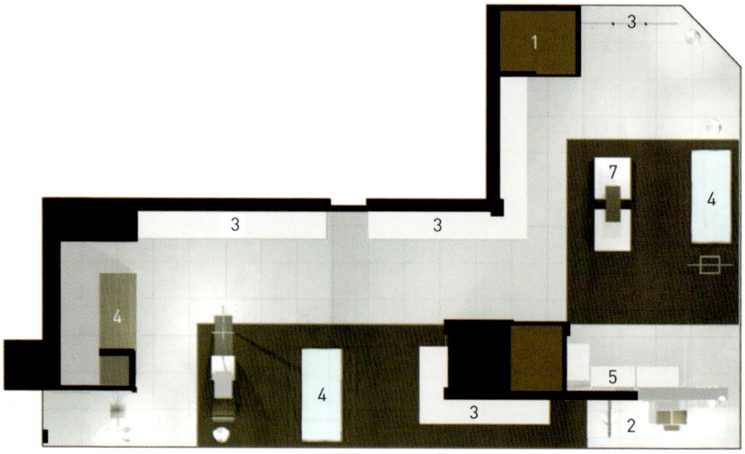

Floor plan

1. Fitting rooms
2. Show Windows
3. Clothes rack
4. Display table
5. Shelving
6. Cash desk
7. Bench

ANAYI

Akihito Fumita created an elegant and simple space for the new Anayi store. He used few materials as a way to emphasize the dramatic use of lighting.
The floor, walls, ceiling, and windows are characterized by their longitudinal and transverse layout, which emphasizes the rationality of space.

Akihito Fumita crea un espacio elegante y sobrio en detalles para la nueva tienda de Anayi. La utilización de pocos materiales y su conjunción armoniosa sirven para enfatizar el uso teatralizado de la iluminación.
El suelo, la pared, el techo y los escaparates se caracterizan por su trazado longitudinal y transversal, que subraya la racionalidad del espacio.

Location
Nishinomiya, Japan

Completion date
2008

Area m² / sq ft
83 m² / 893 sq ft

© Photos
Nacása & Partners

ANAYI

ANAYI

NISSAN GALLERY GLOBAL HEADQUARTERS

The customer's requirements for the creation of these offices and display units for a range of cars included a showroom, a shop, a café, a museum, and a rest area. The gallery was designed to display interactive information, and the showroom was designed to enhance the product.
The architecture of the building was developed primarily to offer the product in a privileged location facing the sea. In this way, the cars, aided by dramatic lighting, look good from any perspective. A large area constructed from small pieces that form layers has been created in the interior.
Spacious geometric spaces, minimalist décor, and shades of gray are the most important elements of this project.

Los requisitos de los clientes para la creación de estas oficinas y expositores de la gama de coches fueron una sala de exposición, una tienda, una cafetería, un museo y espacio de descanso. La galería fue concebida para mostrar la información interactiva y la sala de exposición fue ideada para realzar el producto. La arquitectura del edificio se desarrolló principalmente para ofrecer el producto en una privilegiada ubicación frente al mar. De esta manera, los coches, ayudados por una teatralidad lumínica, lucen espectaculares desde cualquier perspectiva. En el interior se ha creado un gran volumen construido a base de pequeñas piezas que forman diferentes capas. Amplios espacios geométricos, decoración minimalista y coloración en tonos grises son los elementos más importantes de este proyecto.

Location
Yokohama, Japan

Completion date
2009

Area m² / sq ft
4.000 m² / 43,055 sq ft

© Photos
Nacása & Partners

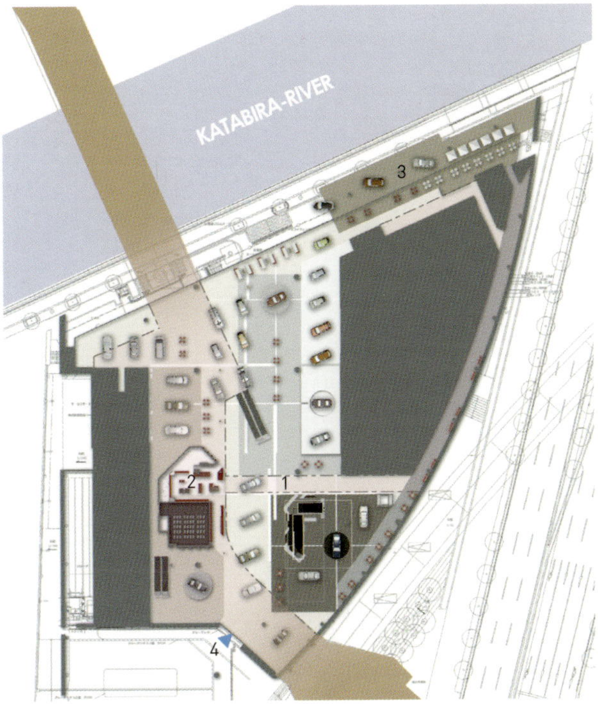

Ground floor plan

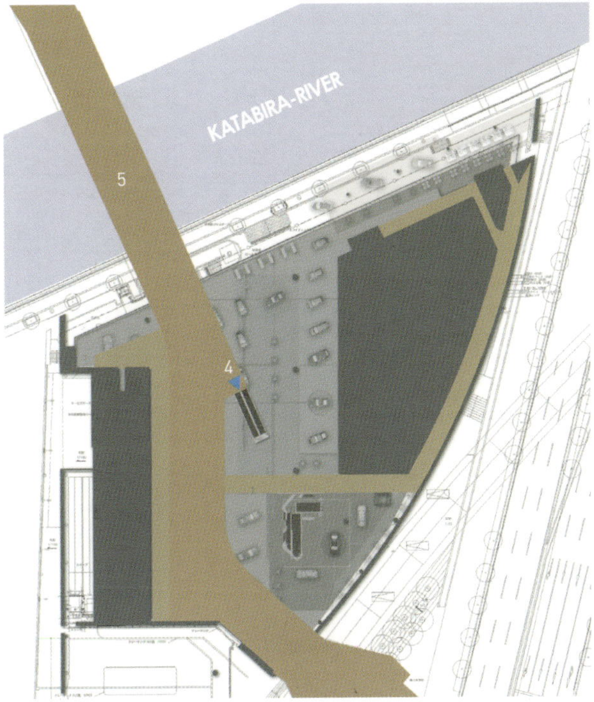

First floor plan

1. Reception counter
2. Goods shop
3. Entrance
4. Bridge

NISSAN
INFINITI

SPIRITUAL MODE

Spiritual Mode, a division of Wako specializing in bathroom fittings for homes, wanted an original design for its store. The decorative motifs on the walls and ceiling are mutually reflected to create a large kaleidoscope.
In the new flagship store, steel and light were used to create a new composition of a hexagonal-shaped logo.

Spiritual Mode, una división de Wako especializada en instalaciones de baños para residencias, quería un diseño original para su tienda. Los motivos decorativos de las paredes y del techo se reflejan mutuamente para crear un gran caleidoscopio.
En la nueva tienda insignia se utilizó el acero y la luz para crear una recomposición de su logotipo de forma hexagonal.

Location
Tokyo, Japan

Completion date
2005

Area m² / sq ft
311 m² / 3,347 sq ft

© Photos
Nacása & Partners

SPIRITUAL MODE

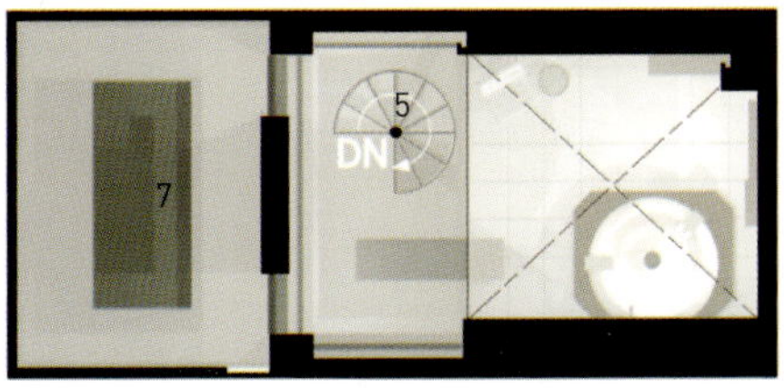

First floor plan

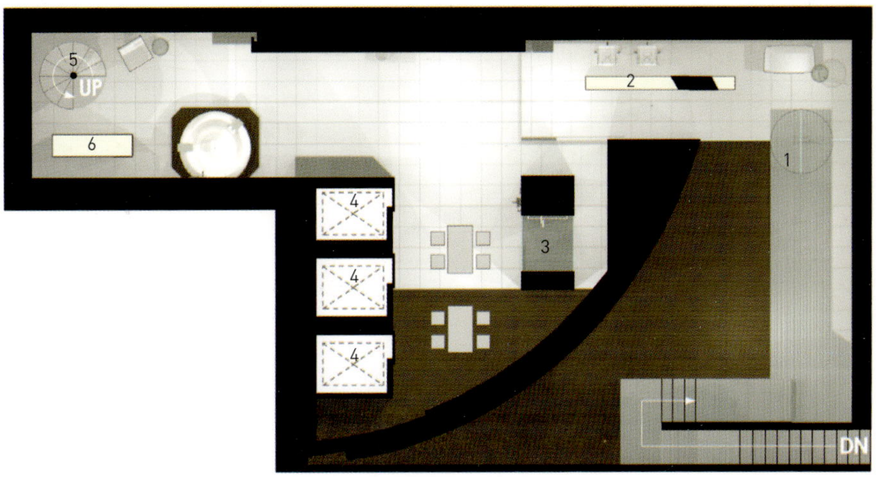

Ground floor plan

1. Entrance
2. Reception counter
3. Showe booth
4. Unit bath
5. Stairway
6. Service counter
7. Office

INRE STUDIO

2/3A Nguyen Thi Minh Khai, Ward Da Kao,
District 1, Ho Chi Minh City
VIETNAM

www.inrestudio.com

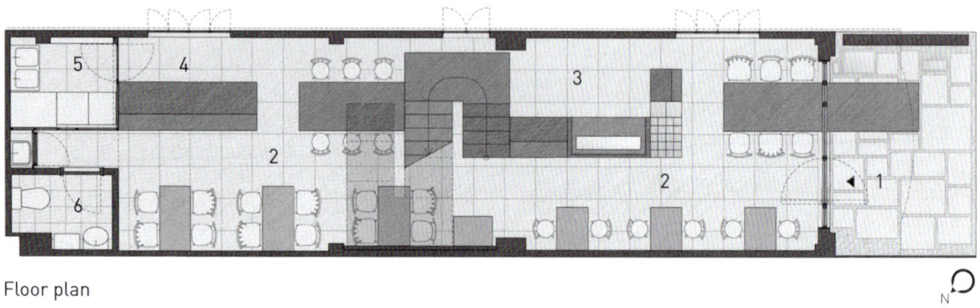

Floor plan

1. Entrance
2. Hall
3. Cake station
4. Open kitchen
5. Kitchen
6. WC

INRE Studio's director Kosuke Nishijima was born in Japan in 1983. In 2011, he completed his master's degree at the University of Tokyo and worked at Vo Trong Nghia Architects in Vietnam. In 2016, he created an architectural design unit called INRE Studio based in Ho Chi Minh City, Vietnam. The studio's design philosophy is represented by "In Re" which can be interpreted as "in context". Their designs are influenced by the cultural context, but also attempt to challenge its constraints.

El director de INRE Studio, Kosuke Nishijima, nació en Japón en 1983. En 2011 completó su master en la Universidad de Tokio y trabajó en Vo Trong Nghia Architects en Vietnam. En 2016, creó un estudio de diseño arquitectónico llamado INRE Studio con sede en Ho Chi Minh City, Vietnam. La filosofía de diseño del estudio está representada por "In Re", que puede interpretarse como "en contexto". Su diseño está influido por el contexto cultural, pero también intenta desafiar las limitaciones del contexto.

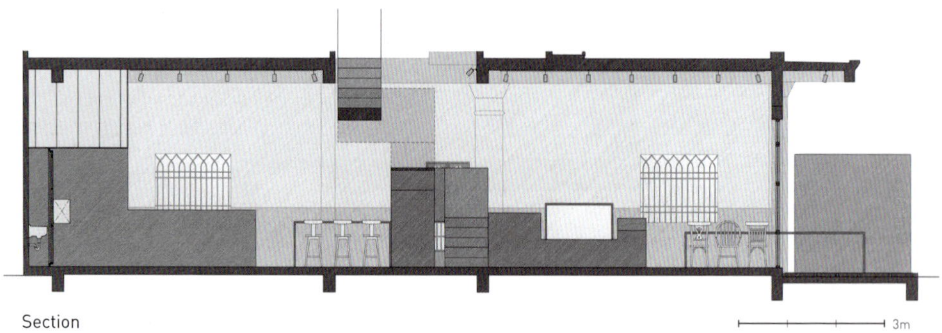

Section

THE PROSCENIUM

The Proscenium is a dessert restaurant located in the heart of Ho Chi Minh City.
A stretched steel component forms into various functions and contrasts with the original, classic ornamentation. It was constructed within a 1990s residential building and seeks to attract passers-by attention through the front window.

El Proscenium es un restaurante de postres situado en el corazón de la ciudad de Ho Chi Minh. El acero estirado se emplea para varios usos o funciones y contrasta con las ornamentación clásica original. Fue construido dentro de un edificio residencial de los años 90 y busca llamar la atención de los transeúntes a través de la ventana frontal.

Location
Ho Chi Minh City, Vietnam

Completion date
2016

Area m² / sq ft
78 m² / 839 sq ft

© Photos
Hiroyuki Oki

THE KITCHENETTE

The Kitchenette is a minimalist cake shop located in a department store in Ho Chi Minh City. Recalling the pleasant experience of a childhood sweet shop, a stainless-steel grid covers the entire counter to showcase a variety of cakes and confectioneries. It encourages customers to assemble their own packages.

The Kitchenette es una pastelería minimalista situada en unos grandes almacenes en Ho Chi Minh. Recordando la experiencia agradable de una tienda de dulces de la infancia, una rejilla de acero inoxidable cubre todo el mostrador para exhibir una gran variedad de pasteles y golosinas. Esto anima a los clientes a componer sus propios paquetes.

Location
Ho Chi Minh City, Vietnam

Completion date
2016

Area m² / sq ft
8 m² / 86 sq ft

© Photos
Hiroyuki Oki

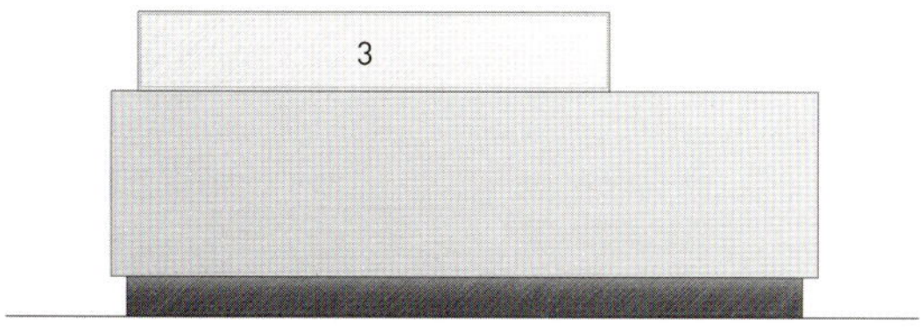

Elevation

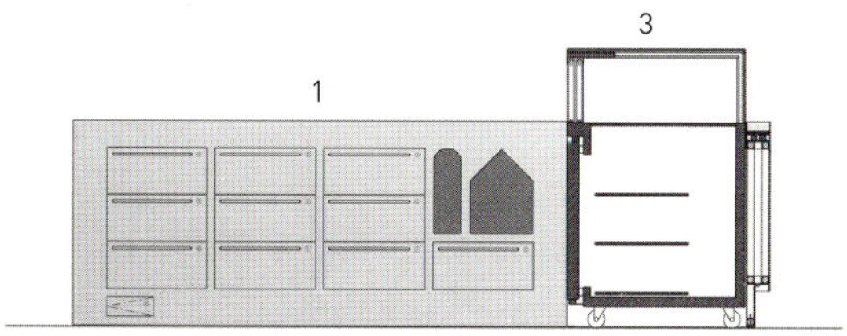

Section

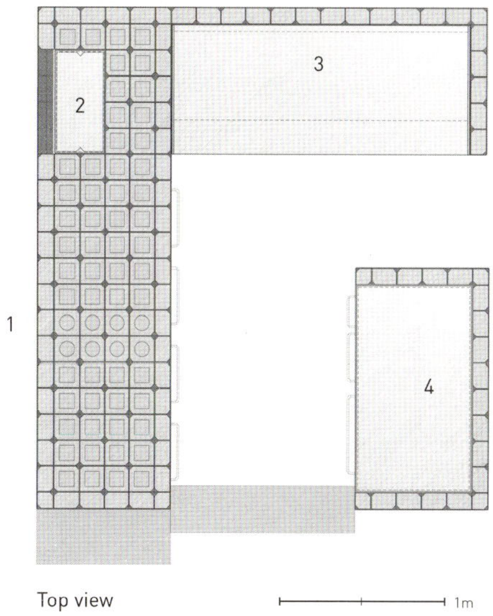

Top view

1. Confectionery area
2. Display
3. Fresch cake showcase
4. Wrapping counter

L.E.D ARCHITECTS

Unit103 nº 9, Arab Alley-Golzar St.
Sanayee Ave., Tehran
IRAN

www.arch-led.com

Shahab Mirzaean Mahabadi PhD. has worked on various projects across Iran, gaining a wealth of design experience.
In 2012, he won the 12th cycle Memar Awards, the most important Iranian national architecture award. He had won Memar Awards twice previously, in 2014 and 2015. Additionally, he won the 8th and 9th cycle of the Iran interior design award in 2015 and 2016. He is one of the winners of the 8th cycle community architect awards. He was highly commended in Cityscape 2011. Also, he was nominated in nine categories for the Middle East Architect awards from 2012 to 2015, including: Young Architect, Residential, and Sustainable design categories. Furthermore, he received a notmination for the 2A Architecture Asia awards in 2015.

El doctor Shahab Mirzaean Mahabadi ha trabajado en varios proyectos en todo Irán, adquiriendo una gran experiencia en diseño.
En 2012, ganó el 12º ciclo de los Premios Memar, el premio nacional más importante de Irán. Ganó los Premios Memar otras dos veces en 2014 y 2015. También ganó el 8º y el 9º ciclo del premio de Diseño Interior de Irán en 2015 y 2016. Es uno de los ganadores del 8º ciclo de los premios Community Architect. Fue altamente elogiado en Cityscape 2011. También, fue nominado en nueve categorías en los premios de arquitecto de Oriente Medio entre los años 2012 y 2015, incluyendo las categorías de jóvenes arquitectos, residencial y diseño sostenible. Además fue nominado en los premios 2A Architecture Asia en 2015.

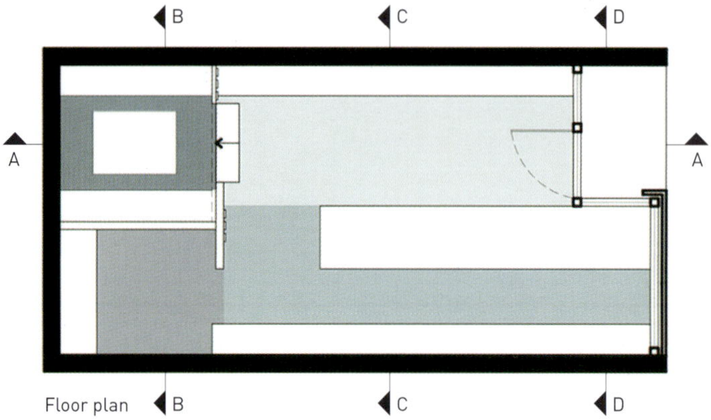

Floor plan

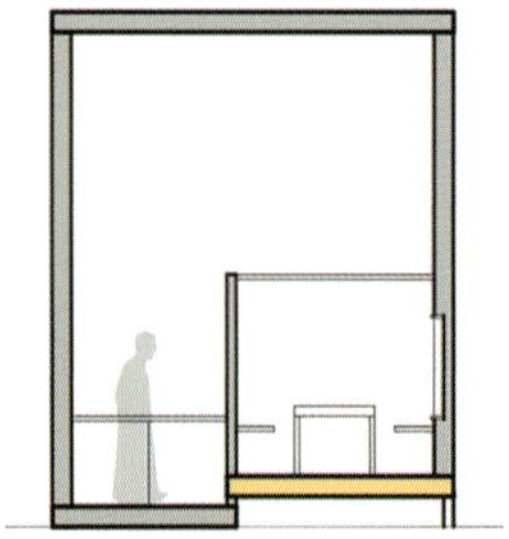

Section B-B

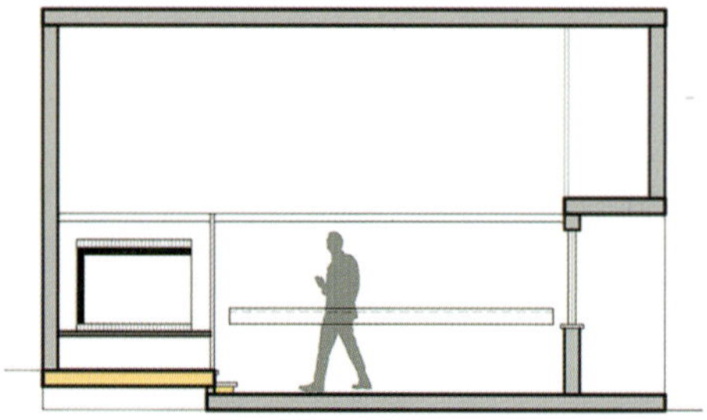

Section A-A

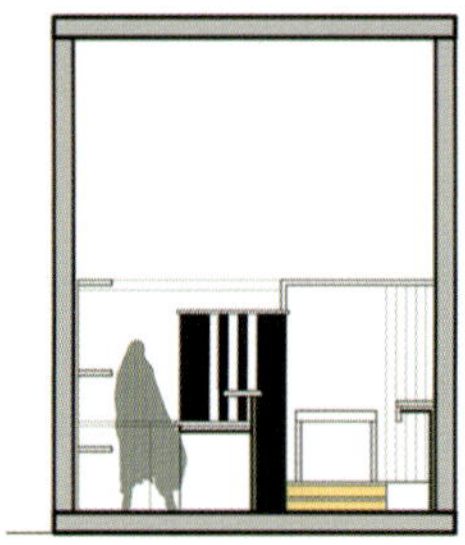

Section C-C

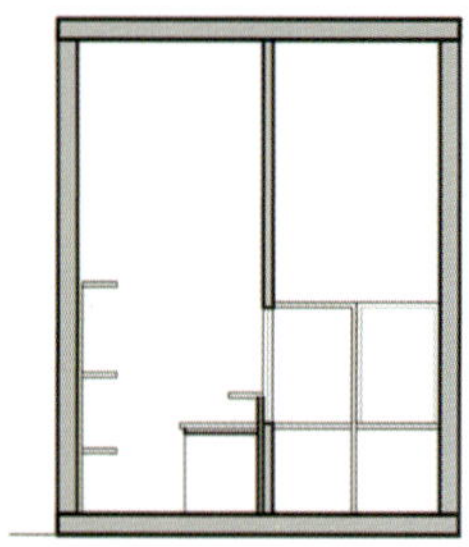

Section D-D

CHASHT RESTAURANT – 2000$ RESTAURANT

While it was under construction, I met a young executive from Iranshahr city, a very poor city in Iran. I offered him a job. The project is approximately 24 sqm but the budget was only 2000$. Due to the negligence of planners, matting is one of those forbidden trades which have the strong potential to become an important source of income for local people. Additionally, making brick and adobe is another forbidden trade. When designing Chasht Restaurant, we first considered what things we could not to do because of the project's low budget and listed them. Fortunately, the young man in question knew something about simple construction using wood, brick, and adobe. All the furniture, the interior, and the façade were built by the young man.

Mientras estaba en construcción, conocí a un joven ejecutivo de la ciudad de Iranshahr, una ciudad muy pobre en Irán. Le ofrecí un trabajo. El proyecto tiene una superficie aproximada de 24 m² pero el presupuesto era de sólo 2.000$. Debido a la negligencia de los planificadores, la confección de esteras es uno de los oficios prohibidos con un alto potencial para convertirse en una gran fuente de ingresos para la población local. Además la fabricación de ladrillo y adobe es otro comercio prohibido. Cuando diseñamos el Restaurante Chasht, primero consideramos las cosas que no podíamos hacer dado al bajo presupuesto del proyecto y las enumeramos. Afortunadamente, el joven en cuestión sabía algo acerca de la construcción simple usando madera, ladrillo y adobe. Todos los muebles, el interior y la fachada fueron construidos por él.

Location
Iranshahr, Iran

Completion date
2014

Area m² / sq ft
24 m² / 258,3 sq ft

© Photos
L.E.D Architects

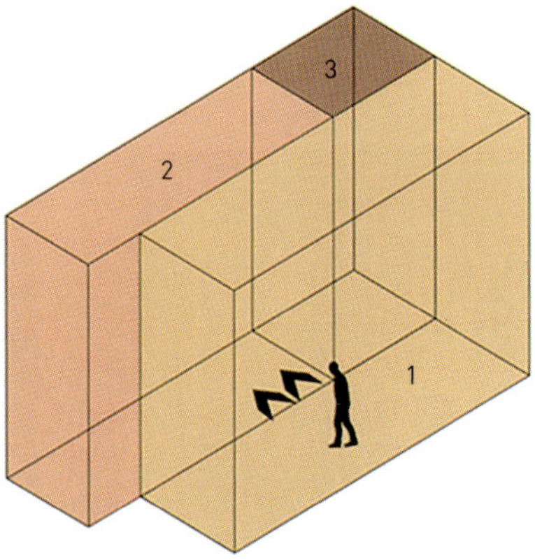

Diagram

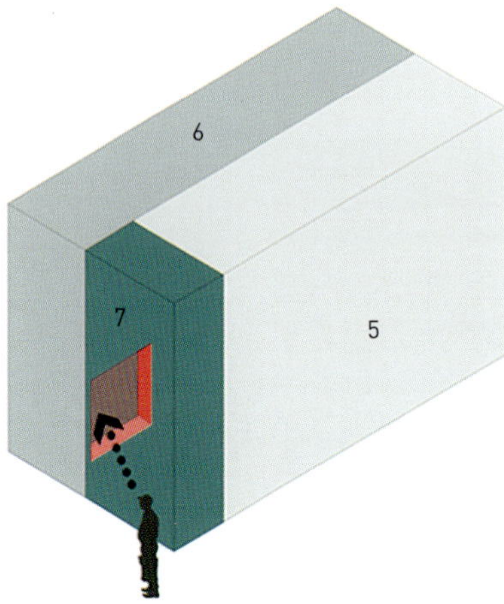

1. Customer
2. Cooking
3. Store
4. Cash desk
5. Saloon
6. Service
7. Entrance

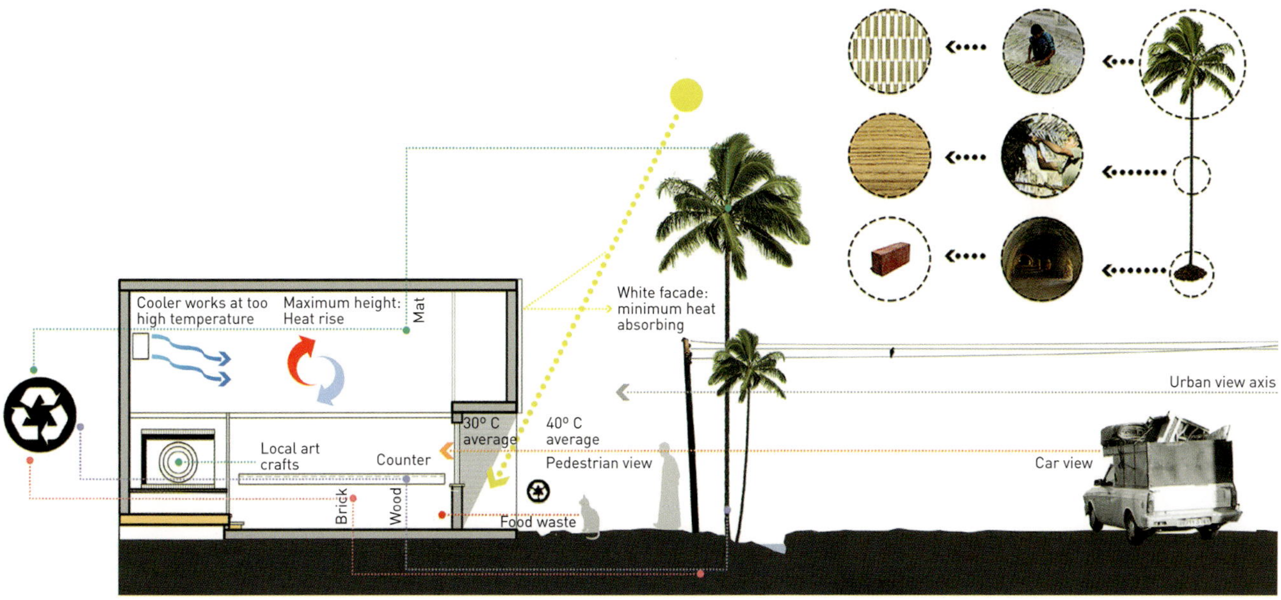

Cooler works at too high temperature
Maximum height: Heat rise
Mat
White facade: minimum heat absorbing
Urban view axis
30° C average
40° C average
Local art crafts
Counter
Pedestrian view
Car view
Brick
Wood
Food waste

Diagram

NAVID PHARMACY

The client was a senior pharmacist wishing to fully transfer his old pharmacy to a new location. The interior space was divided into two distinct sections, the part in wood assigned to the sale of cosmetics and that in white to medicine.

To meet the client's requirements, providing visibility and limit construction on each level, a void was designed to provide visual communication between the different parts of the pharmacy.

The void and arrangement of spaces on the ground floor were combined in such a way that both the cosmetics and medicine sections were highlighted. The gap between these two sections takes the form of a glowing crevasse in the ground floor ceiling, extending to the first floor walls and eventually to the façade of the project.

El cliente es un farmacéutico con el propósito de trasladar su antigua farmacia a una nueva ubicación. El espacio interior se dividió en dos partes, la parte de madera se asignó a las ventas de cosméticos y la parte blanca a los medicamentos. Por requisitos del cliente y proporcionar visibilidad y limitación de la construcción en cada nivel debido a la construcción máxima del 60% del área, se diseñó un doble espacio para proporcionar comunicación visual entre las diferentes partes de la farmacia. El doble espacio y la distribución de la planta baja se combinaron de tal manera que la zona de cosméticos y la de medicamentos quedaron claramente diferenciadas. El espacio entre estas dos partes forma una grieta iluminada en el techo de la planta baja, las paredes del primer piso y, finalmente, se extiende a la fachada del proyecto.

Location
Tehran, Iran

Completion date
2016

Area m^2 / sq ft
240 m^2 / 2,583 sq ft

© Photos
Hamoon Moghadam

VICHY
VICHY
EAU THERMALE
Avène
SERENAGE
[comfort zone]
LIERAC

FURTERER

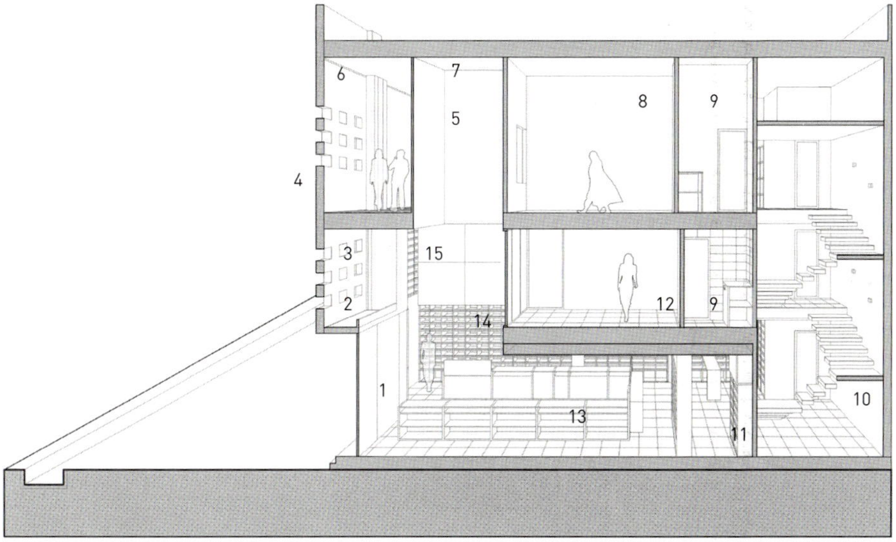

1. Entrance
2. Flower pot
3. Color glass
4. Solid facade
5. Void
6. Store
7. Reflection
8. Employees room
9. Toilet
10. Generator
11. Prescription
12. Manager
13. Medicine
14. Cosmetic
15. Bilboards

Section

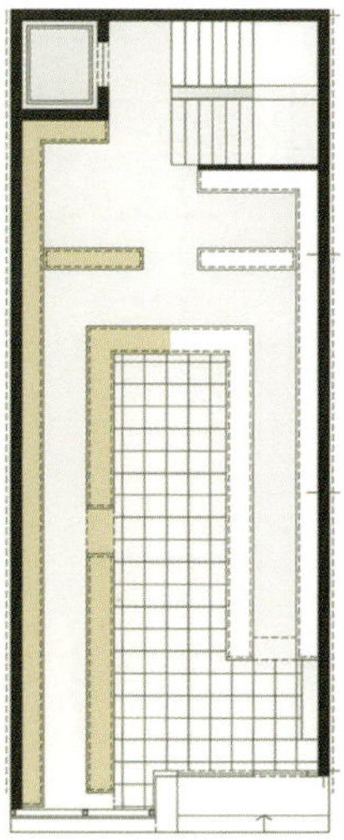

Ground floor plan

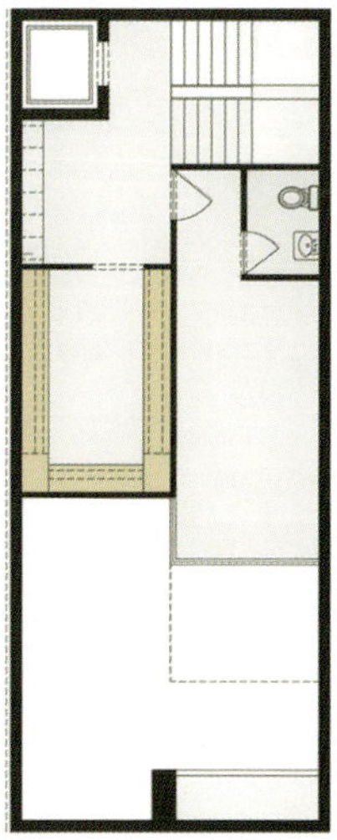

First floor plan

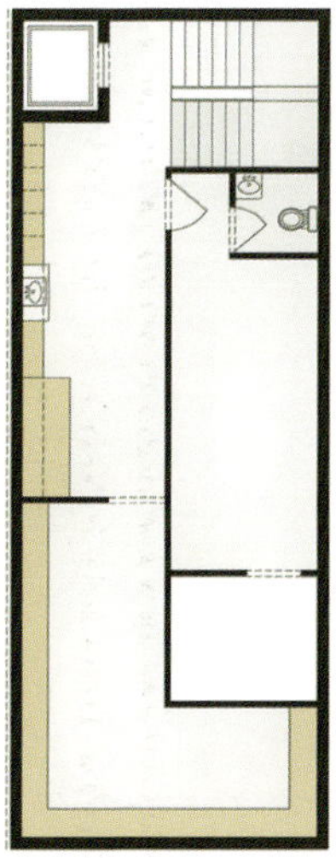

Second floor plan

Roof plan

VOZARA TOWER

Vozara Tower is a 20 storey building, 19 are administrative offices with a commercial level on the ground floor, which as a base for the administrative tower, would be linked to a pedestrian area. This section was considered part of the urban context and a plaza was designed at the entry using a glass façade providing maximum transparency and a view between the city and the commercial part of the building. Additionally, an open green area was designed creating a shared space for the office workers above this section.

Vozara Tower es un edificio de 20 plantas, 19 son oficinas administrativas con una zona comercial en la planta baja que, como base de la torre de oficinas, estaría ligada a una zona peatonal. Esta parte se consideró parte del contexto urbano y se diseñó a la entrada una plaza con una fachada acristalada que proporciona la máxima transparencia y visibilidad entre la ciudad y la parte comercial. Además, se diseñó una zona verde abierta para crear un espacio común para todos los que trabajan en las plantas superiores.

Location
Tehran, Iran

Completion date
2016

Area m² / sq ft
34.000 m² / 365,973 sq ft

© Photos
Hamoon Moghadam (Hamoon Digital Cinema),Hosein Golyari and Pouria Khajavi

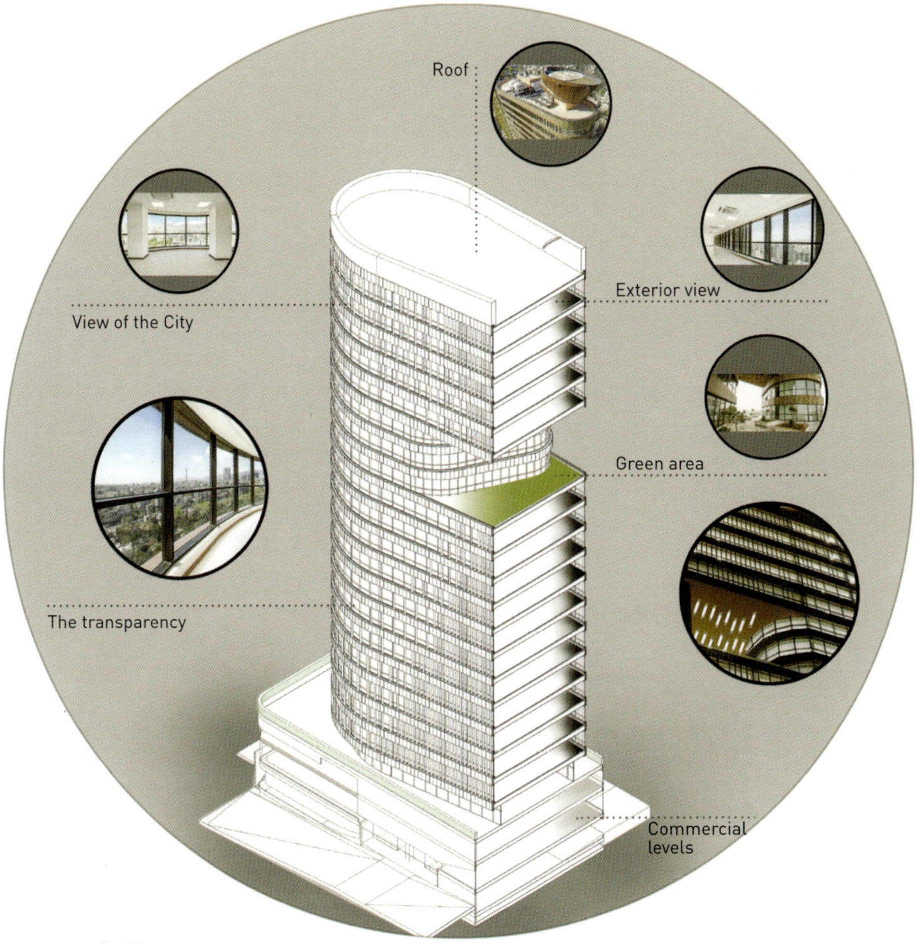

Section

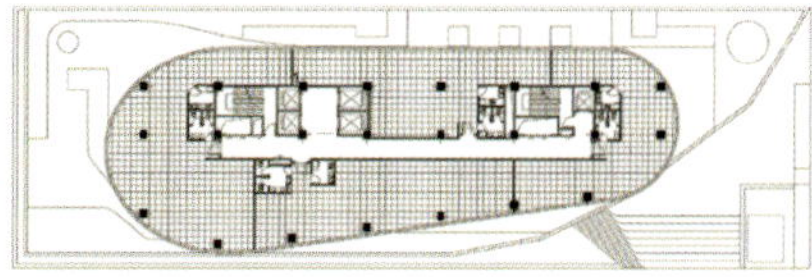

Typical plan

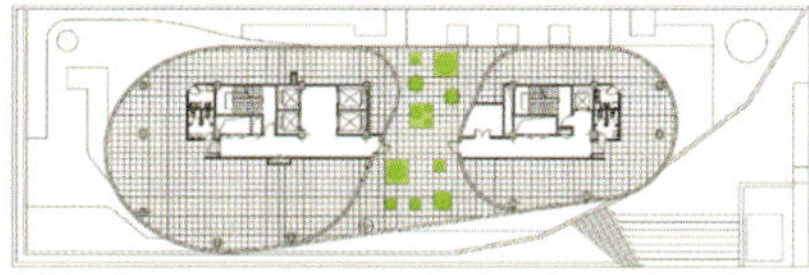

13, 14, 15 floors plan

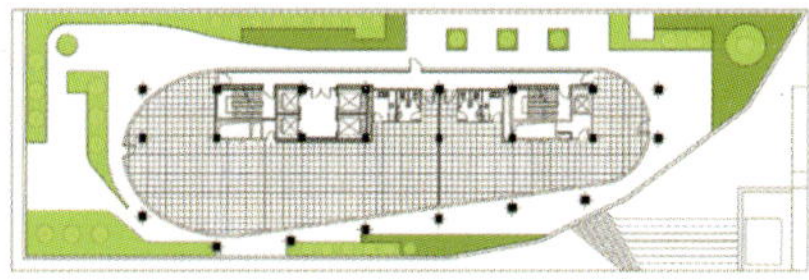

Second floor plan

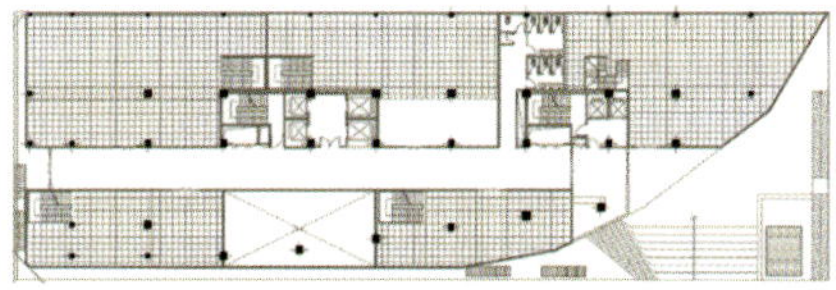

Ground floor plan

LANDAU + KINDELBACHER ARCHITEKTEN - INNENARCHITEKTEN

Thierschstraße 17
D - 80 538 Munich
GERMANY

www.landaukindelbacher.de

Founded 1994 by Gerhard Landau and Ludwig Kindelbacher our multidisciplinary team has implemented ambitious building and interior design projects. We work in an informal but professional atmosphere, characterised by our passion for the job, both within the office and in our dealings with our clients. Top-class projects can only arise from reliable partnership relations. In ideal circumstances, these then lead to further planning tasks shaped by our longstanding expertise and the confidence of our customers place in us.

Fundada en 1994 por Gerhard Landau y Ludwig Kindelbacher, nuestro equipo multidisciplinario, ha llevado a cabo ambiciosos proyectos de construcción e interiorismo. Trabajamos en un ambiente informal pero profesional, que se caracteriza por nuestra pasión por el trabajo, tanto en la oficina como en nuestro trato con nuestros clientes. Los proyectos de alto nivel solo pueden resultar de relaciones de colaboración fiables. En circunstancias ideales, estas nos llevan a tareas de planificación adicionales que sebasan en nuestra larga experiencia y la confianza de nuestros clientes.

NEW OFFICE DESIGN SIGNA ZURICH

The "Hochhaus zur Bastei", completed in 1955, is considered the first high-rise building in the city of Zurich. For Signa, the interior design for the new office concept was developed taking into account the preservation of historical structures. Elegance and generous proportions, together with an unusual and high-quality mix of materials and accentuated lighting, distinguish the office areas and conference zones over four floors. A special material combination of black marble, brass, carbon, and glass was chosen for the floors, walls and ceilings. Recalling the architecture of the 1950s, classic materials receive a new interpretation based on their use, colour and shine.

El "Hochhaus zur Bastei", terminado en 1955, es considerado como el primer edificio de gran altura en la ciudad de Zúrich. Para Signa, el diseño interior del nuevo concepto de oficina se ha desarrollado teniendo en cuenta la preservación de las estructuras históricas. Elegancia y generosas proporciones, junto con una mezcla inusual y de alta calidad de materiales e iluminación acentuada, distinguen las zonas de oficinas y de conferencias en cuatro plantas. Para los suelos, paredes y techos se eligió una combinación especial de materiales: mármol negro, latón, carbono y vidrio. Recordando la arquitectura de los años 50, los materiales clásicos reciben una nueva interpretación basada en su uso, color y brillo.

Location
Zurich, Switzerland

Completion date
2017

Area m² / sq ft
1000 m² / 10,764 sq ft

© Photos
Ortwin Klipp

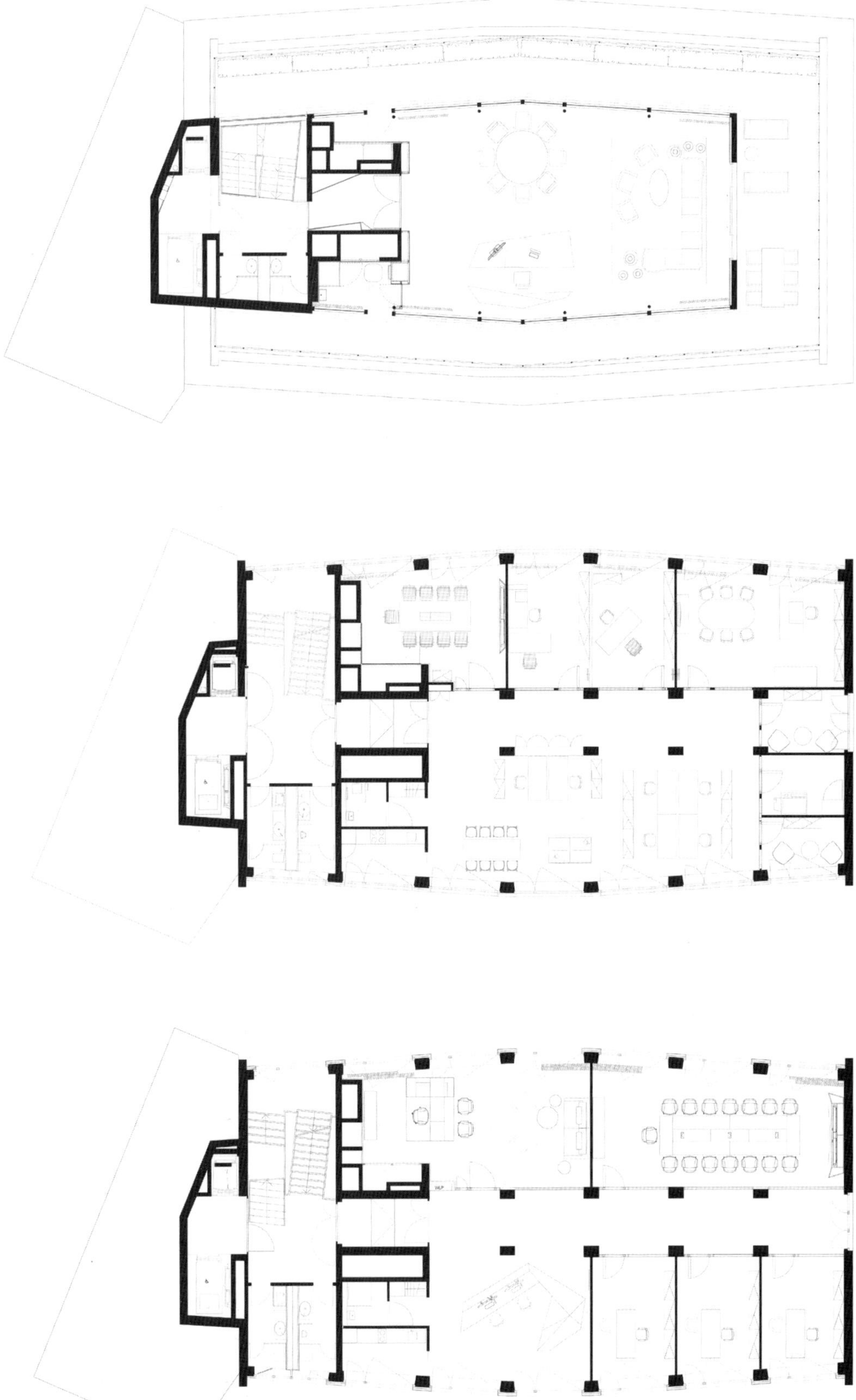

Sections

CANTEEN, AUDI AG

Dynamic forms stand at the centre of the design of this two-storey canteen. Borrowed from the soft, flowing lines of the silhouette of a car, a series of striking spatial elements has been created, dividing the large room into different areas for diverse uses. Within the different rooms an attractive, inviting environment has been fashioned meeting various communication requirements. Here you can find rooms both for a collective break with colleagues and also for a private chat. Comfort and withdrawal areas are available to staff during their breaks. The flowing form of the room and the generous ceiling height are aided by the lively view from below of the three-dimensionally shaped acoustic ceiling.

Las formas dinámicas son el centro del diseño de esta cantina de dos plantas. Inspirada en las líneas suaves y fluidas de la silueta de un coche, se ha creado una serie de llamativos elementos espaciales que dividen la sala grande en diferentes estancias. Con las diferentes situaciones de la sala se ha creado un ambiente atractivo y acogedor para las distintas necesidades de comunicación. Aquí hay espacio tanto para un momento de descanso con los colegas como para una charla privada. El personal dispone de unas zonas de confort donde relajasre en sus ratos de descanso. La forma fluida del espacio y la generosa altura del techo se ven complementadas por la espectacular vista del techo acústico tridimensional.

Location
Ingolstadt, Germany

Completion date
2016

Area m² / sq ft
4.180 m² / 44,993 sq ft

© Photos
Christian Hacker

Pasta

Upper level plan

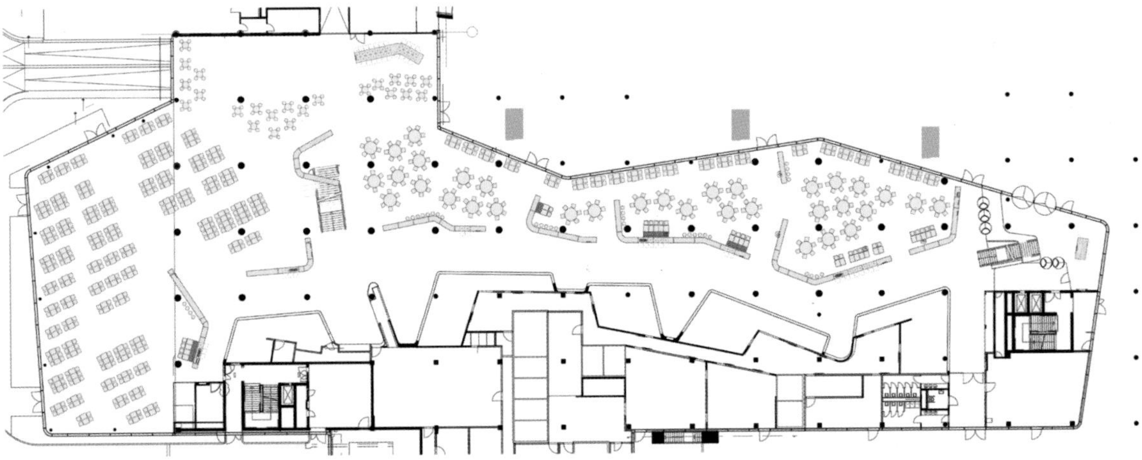

Floor plan

LIEN TRAN

Friedrichstraße 235
10969 Berlin
GERMANY

www.lien-tran.com

Lien Tran Interior Design is a Berlin-based studio for innovative and sophisticated architecture and design. It was founded in 2006 by interior designer Lien Tran and specialises in hospitality, residential and retail design. Each project is treated as being unique. Holistic and individual concepts are created in a constant dialogue with the client. In this way, spaces take on their own identity. They tell their own story, expressed in their design and function: strong, sensual, and smart.

Lien Tran Interior Design es un estudio de arquitectura y diseño innovador y sofisticado de Berlín. Fue fundado en 2006 por la diseñadora de interiores Lien Tran y está especializado en el diseño de hostelería, residencial y de tiendas. Cada proyecto es considerado como único. Los conceptos holísticos e individuales se crean en un diálogo constante con el cliente. De esta manera, los espacios toman su propia identidad. Ellos cuentan su historia, que se expresa en su diseño y función: fuerte, sensual e inteligente.

BECYCLE. BOUTIQUE FITNESS STUDIO

This unique fitness studio offers fast-paced spinning with a nightclub atmosphere featuring music from live DJs.
It is a meeting place for kindred spirits sharing a healthy, urban lifestyle wishing to take advantage of the studio's co-working, chill-out and shopping areas. A dazzling metal structure leads into the studios.

Este exclusivo gimnasio ofrece *spinning* de ritmo rápido con un ambiente de discoteca con música de DJs en vivo.
Es un lugar de encuentro para espíritus afines que comparten un estilo de vida sano y urbano y que quieren aprovechar las zonas de *co-working*, *chill-out* y zonas comerciales. Una estructura de metal deslumbrante conduce a los estudios.

Location
Berlin, Germany

Completion date
July 2016

Area m² / sq ft
420 m² / 4,521 sq ft

© Photos
Sven Philipp
Waldemar Salesski

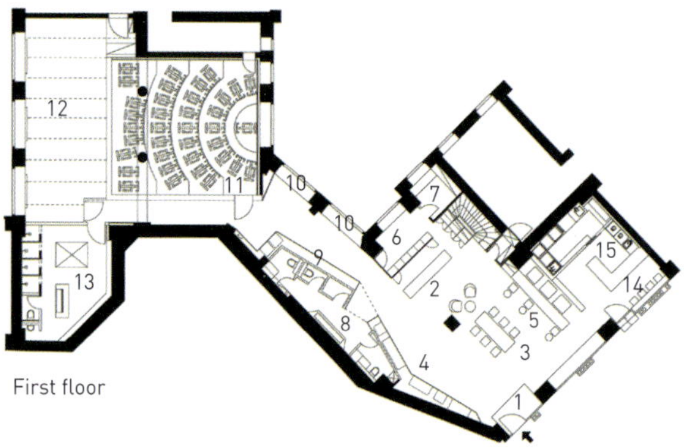

First floor

1. Entrance
2. Reception
3. Co-Working area
4. Retail
5. Lounge
6. Shoes
7. Office
8. Restrooms
9. Lockers
10. Bench
11. Riding studio
12. Yoga studio
13. Men's changing room
14. Bar
15. Café

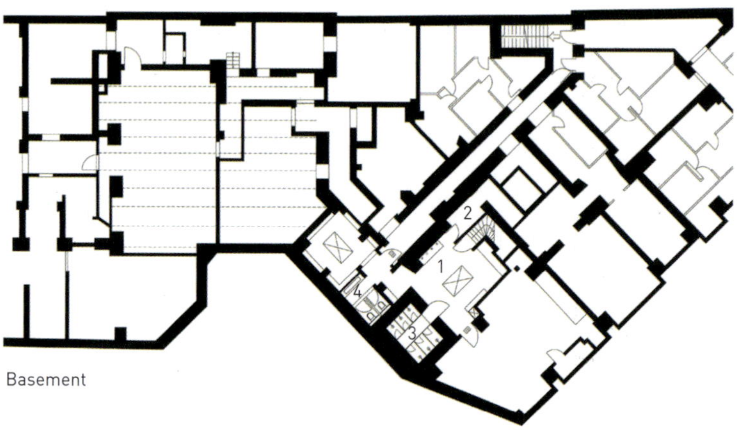

Basement

1. Wome's changing room
2. Storage
3. Showers
4. Toilets

STAFF

RESTAURANT KINDAI

In Japan, the term *kindai* describes the golden age, meaning modernism. Bright yellow is used as the central focus of the room's design: star-like ceiling lights, acrylic glass ribbons resembling a golden rainfall, and the lively cloud scenery all create an enchanting background.

En Japón, el término *kindai* describe la edad de oro, que significa modernismo. El amarillo brillante se utiliza como el foco central del diseño del espacio: las luces de techo con apariencia de estrellas, las cintas de cristal de acrílico que se asemejan a una lluvia de oro y el paisaje animado de la nube crean un fondo encantador.

Location
Hanover, Germany

Completion date
2014

Area m² / sq ft
180 m² / 1,937.5 sq ft

© Photos
Marek Kruszewski

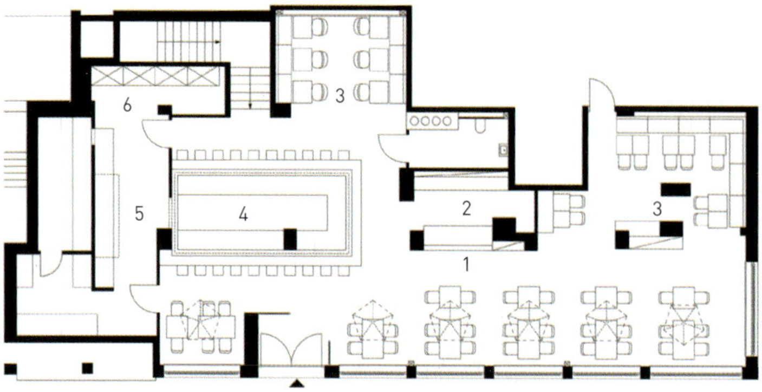

1. Restaurant
2. Bar
3. Lounge
4. Kaiten bar
5. Kitchen
6. Storage

Floor plan

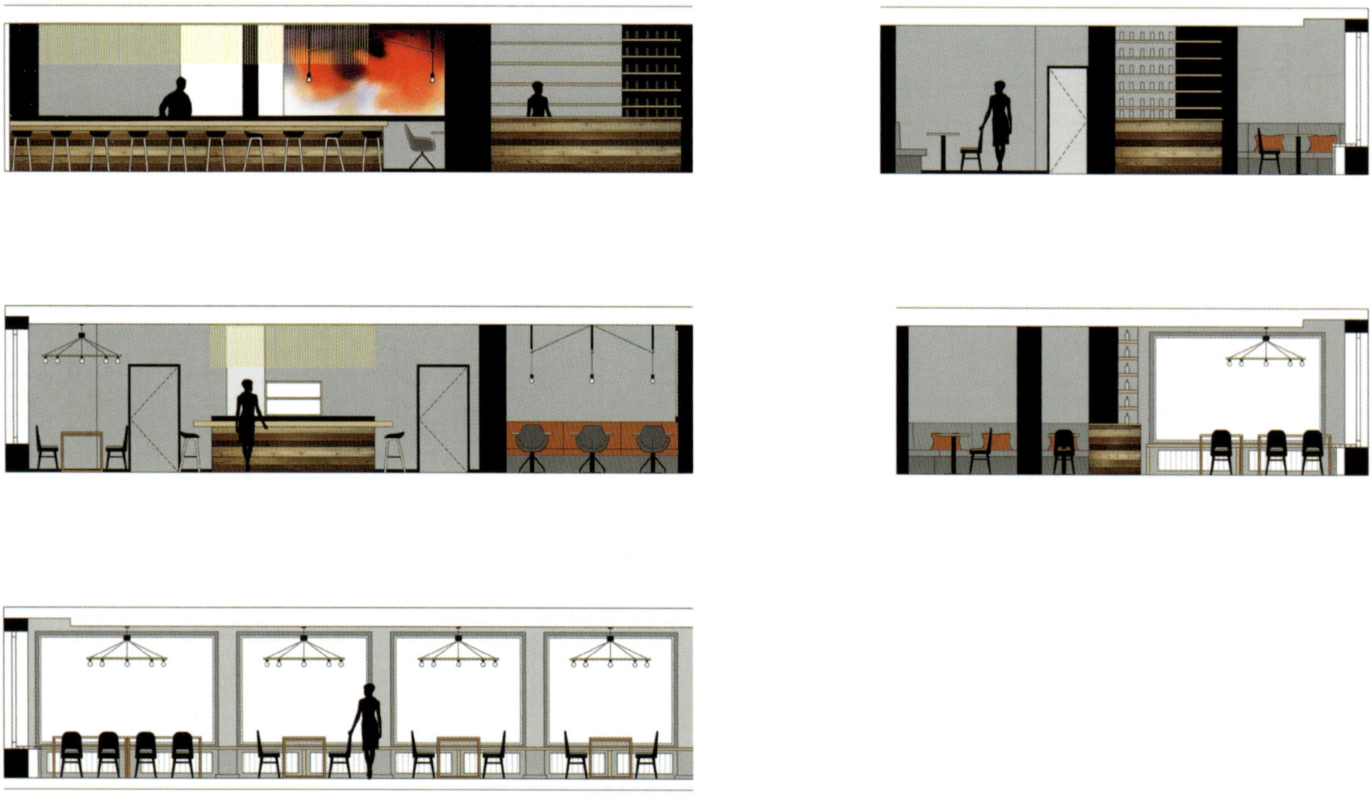

Sections

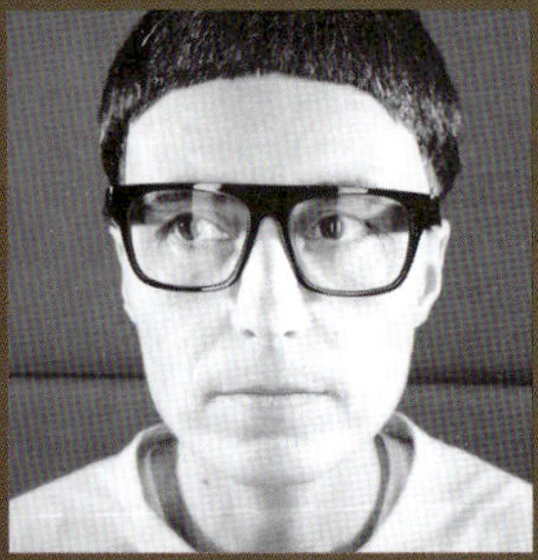

MATALI CRASSET

26, rue du Buisson Saint-Louis
75010 Paris
FRANCE

www.matalicrasset.com

Matali Crasset is an industrial designer who has ventured into the fields of architecture and interior design through commercial spaces. Having worked with Denis Santachiara in Italy and with Philippe Starck in France, she set up her own studio in 2000. Through her expert, yet naive eye, she questions the obviousness of established codes. Far from being simple improvements to existing concepts, her proposals develop typologies structured around principles such as modularity and interactive networks. Always seeking to explore new territories, Matali Crasset works in a wide variety of worlds, from craft to electronic music, and from textiles to fair trade, as well as in furniture design, architecture, graphics, and collaborations with artists, councils, and communes.

Matali Crasset es una diseñadora industrial que se ha adentrado en el campo de la arquitectura y el diseño de interiores a través de los espacios comerciales. Tras haber trabajado con Denis Santachiara en Italia y Philippe Starck en Francia, montó su propio estudio en 2000. Con una mirada experta e ingenua a la vez, cuestiona la obviedad de los códigos establecidos. Lejos de hacer mejoras simples de lo que ya existe, sus propuestas apuntan al desarrollo de tipologías estructuradas alrededor de principios como la modularidad y la interacción. Siempre en busca de nuevos territorios que explorar, Matali Crasset colabora con una gran variedad de mundos, desde el artesanal al de la música electrónica, pasando por la industria textil y el comercio justo, por medio de proyectos de diseño de mobiliario, arquitectura, diseño gráfico y colaboraciones con artistas e instituciones.

LA CANTINE DE LA MÉNAGERIE DE VERRE

The canteen of La Ménagerie de Verre arts center was conceived as a space to relax, where people could wait and have a s nack before or after each show. Given the serenity conveyed by the site, the designer chose birch plywood as the predominant material.
The tables and chairs were inspired by trestles, one of the most basic structures in furnishings. Thus, they can be easily moved to clear the space, if needed.

La cantina del centro cultural la Ménagerie de Verre ha sido concebida como un espacio para el relax, para esperar y tomar un tentempié antes o después de cada espectáculo. Dada la tranquilidad que transmite el sitio, la diseñadora ha elegido como material dominante el contrachapado de abedul.
Las mesas y las sillas toman su inspiración de los caballetes, una de las estructuras más elementales del mobiliario. Así se pueden mover fácilmente según las necesidades.

Location
Paris, France

Completion date
2009

© Photos
Patrick Gries

NOUVEL ODÉON

This cinema theater, owned by the independent producer and distributor Haut et Court, is the result of the refurbishment of an old cinema. Unlike traditional theaters in which darkness and impermeability predominate, here a large window sets up a dialogue with the street.
The foyer is the element that brings the whole space together, because it is where the different parts of the theater are combined as if it were a three-dimensional puzzle. The intense colors are combined and sweetened through the use of light wood in most of the furniture.

Esta sala de cine de la distribuidora y productora independiente Haut et Court es el resultado de la renovación de un antiguo cine. A diferencia de las salas tradicionales, en las que prima la oscuridad y los espacios impermeables, aquí un enorme ventanal establece la comunicación con la calle.
El vestíbulo es el elemento integrador del espacio donde las diferentes partes del cine se articulan y combinan como si se tratase de un rompecabezas en tres dimensiones. Los colores intensos se combinan y dulcifican con el uso de la madera clara en la mayoría del mobiliario.

Location
Paris, France

Completion date
2009

© Photos
Jérôme Spriet

PAULO MARTINS ARQ&DESIGN

Rua de Marques Gomes 2A
3800-221 Aveiro
PORTUGAL

www.paulomartins.com.pt

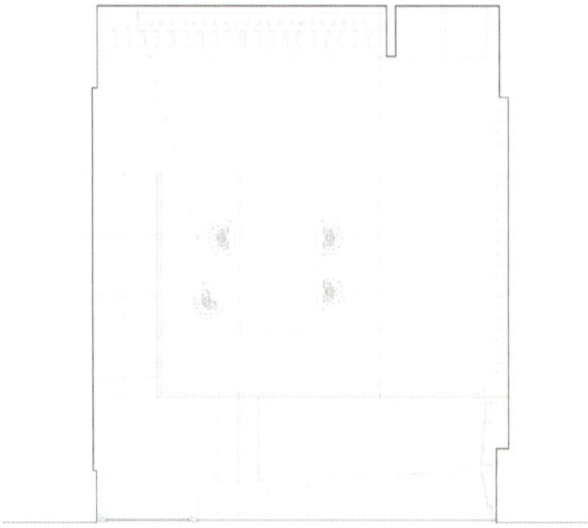

First floor

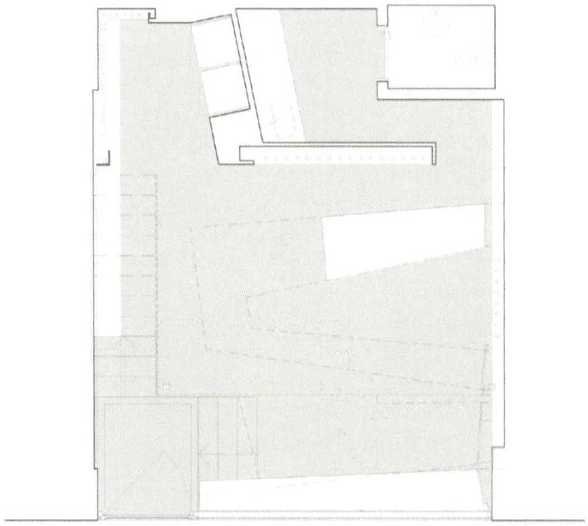

Floor plan

Paulo Martins, born in 1979 in Aveiro [PT], obtained his degree in 2003 from ARCA-EUAC in Coimbra [PT]. In 2007, he supplemented his academic training with a postgraduate degree in energy efficient architecture from Elisava, Barcelona [ES]. From 2003 to 2008, he was the architectural team coordinator at the offices of Ribas Arquitectes [BCN].
In 2009 he opened his own office, designing several national and international projects. Some have caught the attention of the international community and have resulted in award nominations.

Paulo Martins, nacido en 1979 en Aveiro (Portugal), obtuvo su título en el 2003 de ARCA-EUAC en Coimbra (Portugal). En 2007, complementó su formación académica con un título de posgrado en arquitectura de eficiencia energética de ELISAVA, Barcelona (España). De 2003 a 2008, fue el arquitecto coordinador de equipos en las oficinas de Ribas Arquitectes (Barcelona).
En 2009 abrió su propia oficina, diseñando varios proyectos nacionales e internacionales. Algunos han llamado la atención de la comunidad internacional y han recibido nominaciones a premios.

AR VINHOS

Based on minimalistic and pure lines, this wine shop project is characterised by a flat surface at the centre of the design, which flows around the entire space.
Following a furnished garden at the entrance of the space, the focal point becomes a flowing surface, directing the eye through the space, passing by the displayed wine bottles, and ending at the main counter.

Basado en líneas minimalistas y puras, este proyecto de bodega se caracteriza por un plano que está en el centro del diseño, que fluye alrededor de todo el espacio.
Siguiendo un jardín amueblado a la entrada del espacio, el punto focal se convierte en un plano fluido, que guía la vista a través del espacio, pasando por las botellas de vino expuestas y terminando en el mostrador principal.

Location
Aveiro, Portugal

Completion date
2014

Area m² / sq ft
70 m² / 753.5 sq ft

© Photos
Ana Tavares

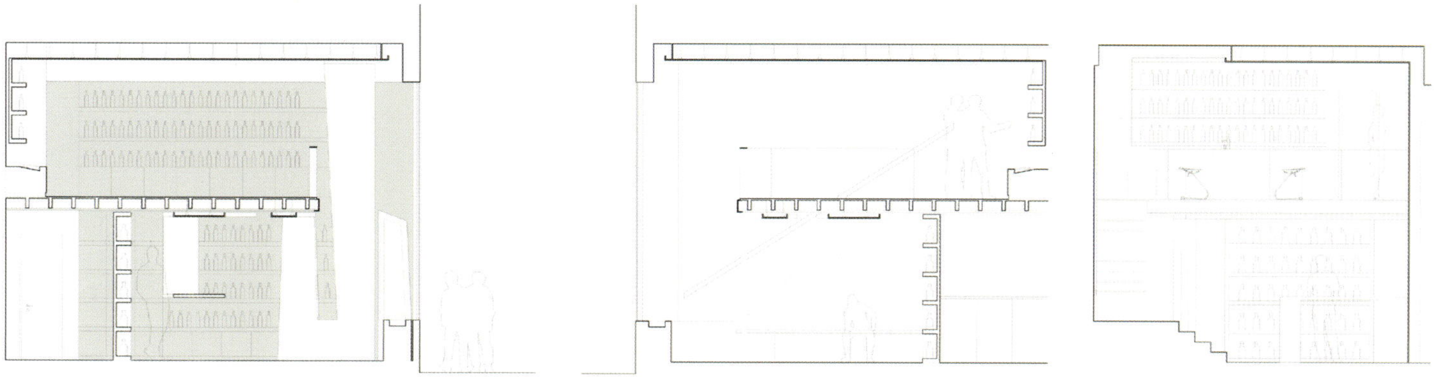

Sections

ROCKWELL GROUP

5 Union Square West
New York, NY 10003
USA

www.rockwellgroup.com

Founded in 1984 by David Rockwell and based in New York and Madrid, the firm covers a wide range of architectural types: hotels, hospitals, cultural and educational centers, products, and set designs. Their development of a narrative and unique strategy for each client is fundamental for their approach of a successful design. The perfect synergy of craftsmanship, technology, and design is reflected in environments that combine handmade objects, high-end video technology, special effects, customized accessories, and furnishings. David Rockwell graduated in Architecture from Syracuse University and the Architectural Association in London. Ever since he was young, he has been interested in theater and set design, formative influences that have had a strong impact on his practice.

Fundada en 1984 por David Rockwell, con sede en Nueva York y Madrid, la firma cubre una amplia gama de tipologías arquitectónicas: hoteles, hospitales, centros culturales y educativos, productos y escenografías. La elaboración de una narrativa y una estrategia únicas para cada cliente es fundamental para el enfoque de un diseño de éxito. La sinergia perfecta de la artesanía, la tecnología y el diseño se refleja en los ambientes que combinan objetos hechos a mano, vídeo de última generación, efectos especiales, accesorios personalizados y mobiliario. David Rockwell se licenció en Arquitectura por la Universidad de Syracuse y por la Architectural Association de Londres. Desde niño se interesó por el teatro y la escenografía, unas influencias formativas que han tenido un fuerte impacto en su práctica.

NOBU DUBAI

The restaurant is located in Palm Jumeirah, the famous artificial island shaped like a palm tree in the middle of the Persian Gulf

The textures and materials were chosen specifically to reflect the roots of Nobu in rural Japan and the context of Dubai overlooking the sea.

Nobu Dubai is an improvement on all of the concepts that the Rockwell Group has developed for Nobu in cities like New York, Melbourne, Moscow, and Hong Kong: the emphasis is on craftsmanship, natural materials, and narrative.

The columns of hand-cast iron flowers and leaves represent aspects of traditional, vernacular architecture in the Middle East, as do the large fabric panels that are reminiscent of waves of the sea.

El restaurante se ubica en Palm Jumeirah, la famosa isla artificial con forma de palmera en pleno golfo Pérsico.

Las texturas y los materiales fueron elegidos expresamente para reflejar las raíces de Nobu en el Japón rural y el contexto de Dubái frente al mar.

Nobu Dubai es una evolución de todos los conceptos que el grupo Rockwell ha desarrollado para Nobu en ciudades como Nueva York, Melbourne, Moscú y Honk Kong: el énfasis recae en la artesanía, los materiales naturales y la narración.

Destacan las columnas de flores y hojas de hierro forjado a mano que representan aspectos de la arquitectura vernácula tradicional de Oriente Medio y los grandes paneles de tejido artesanal que evocan olas de mar.

Location
Atlantis The Palm, Dubai

Completion date
2008

© Photos
Eric Laignel

NATIONAL

Rockwell Group was commissioned to design a restaurant for the Benjamin Hotel in Manhattan. The chic cafes of Paris, London, and New York served as inspiration to create an establishment with three distinct areas. It also took into account the rehabilitation of the building in 1927.

A blue-green leather has been used to upholster stools and chairs; the shade has become the leitmotif of the restaurant.

The lounge-bar is characterized by oak flooring, classic bar stools, and a modern light fixture, but with design based on the revival style of the restaurant. A bronze spiral staircase leads guests to the restaurant on the second floor where the private dining rooms and a library are located.

Rockwell Group recibió el encargo de diseñar un restaurante para el lujoso hotel Benjamin de Manhattan. Los cafés elegantes de París, Londres y Nueva York sirvieron como fuente de inspiración para crear un establecimiento con tres áreas distintas. Además se tuvo en cuenta la rehabilitación realizada al edificio en 1927.

Se ha creado un cuero de color azul verdoso para tapizar las banquetas y las sillas, un tono que se ha convertido en el *leitmotiv* del restaurante.

El salón-bar se caracteriza por la pavimentación en madera de roble, los clásicos taburetes y una iluminación moderna pero con diseño acorde al estilo revival de todo el restaurante. Una escalera de caracol de bronce conduce a los huéspedes al restaurante de la segunda planta, donde se ubican comedores privados y una biblioteca.

Location
New York City, NY, USA

Completion date
2010

© Photos
Frank Oudeman

RPTECTURE ARCHITECTS

Rear of 597 Whitehorse Road
Surrey Hills, VIC 3127
AUSTRALIA

www.rptecture.com.au

Rptecture Architects is the peak of touchstone architecture. As an internationally recognised, multi-award-winning firm, our design philosophy is simple: to treat each project in a contextual and holistic manner, recognising that no two projects are ever the same. Being well versed in retail, residential, commercial and hospitality design, Rptecture Architects has the skills and knowledge necessary to produce a visually stunning and functionally innovative space well-suited to the context of the site.

Rptecture Arquitectos es una culminación de la arquitectura de punto de referencia. Como una empresa internacionalmente reconocida y ganadora de múltiples premios, nuestra filosofía de diseño es sencilla: tratar cada proyecto de una manera contextual y holística, reconociendo que no hay dos proyectos que sean iguales. Estando bien versados en el diseño de pequeñas tiendas, residencial, comercial y hostelería, Rptecture Architects tiene las habilidades y conocimientos necesarios para producir un espacio visualmente impresionante y funcionalmente innovador adecuado para el contexto de cada lugar.

Sketch

SHUKUFUKU JAPANESE BENTO

The interior of Shukufuku Japanese Bento is a charismatic representation of their brand. Showcasing a visually dynamic ceiling feature, an energetic lighting strategy, and an oversized steel frame Maneki-neko, the space is a bright, fun addition to the Melbourne CBD. Pops of blue and yellow contrast with the clean, white neutral backdrop. The building's façade has been painted white, and the front door a bright yellow, in order to harmoniously incorporate both the branding and the heritage overlay.

El interior del Shukufuku japonés Bento es una representación carismática de su marca. Con un característico techo visualmente dinámico, una estrategia de iluminación joven y un marco de acero Maneki-neko de gran tamaño, el espacio es una divertida incorporación al Melbourne CBD. Los estallidos de azul y amarillo contrastan el fondo neutro limpio y blanco. La fachada del edificio se pintó de blanco y la puerta delantera de un amarillo brillante con el fin de incorporar armoniosamente la marca en la fachada original.

Location
Melbourne, VIC, Australia

Completion date
2016

Area m² / sq ft
74 m² / 796.5 sq ft

© Photos
Fraser Marsden

SHUKUFUKU
JAPANESE BENTO

LEGO YOUR BENTO

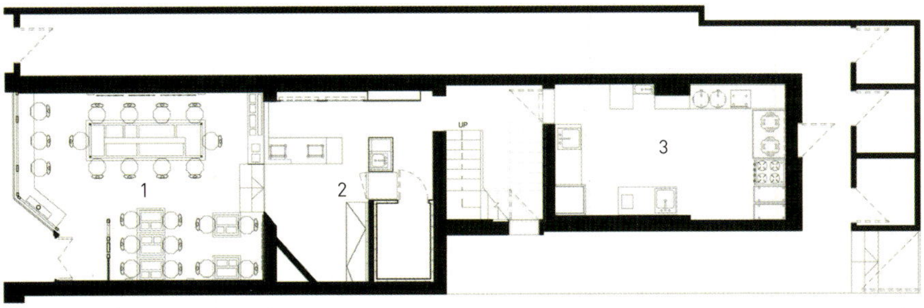

1. Dining
2. Sales
3. Kitchen

Floor plan

Sections

SUSHI HUB

Performative aspects of traditional sushi making are emulated within the interior of Sushi Hub's flagship store. Reflecting a modern take on traditional Japanese architecture an earthy, natural materials palette was created. The use of concrete and timber creates a comfortable, relaxed, and approachable atmosphere.

Los aspectos de escenificación de la elaboración tradicional de sushi se emulan en el interior de la tienda insignia de Sushi Hub. Reflejando una visión moderna en la arquitectura tradicional japonesa se creó una paleta de materiales terrosos y naturales. El uso de hormigón y madera crea un ambiente cómodo, relajado y accesible.

Location
Melbourne, VIC. Australia

Completion date
2015

Area m² / sq ft
145 m² / 1,561 sq ft

© Photos
Fraser Marsden

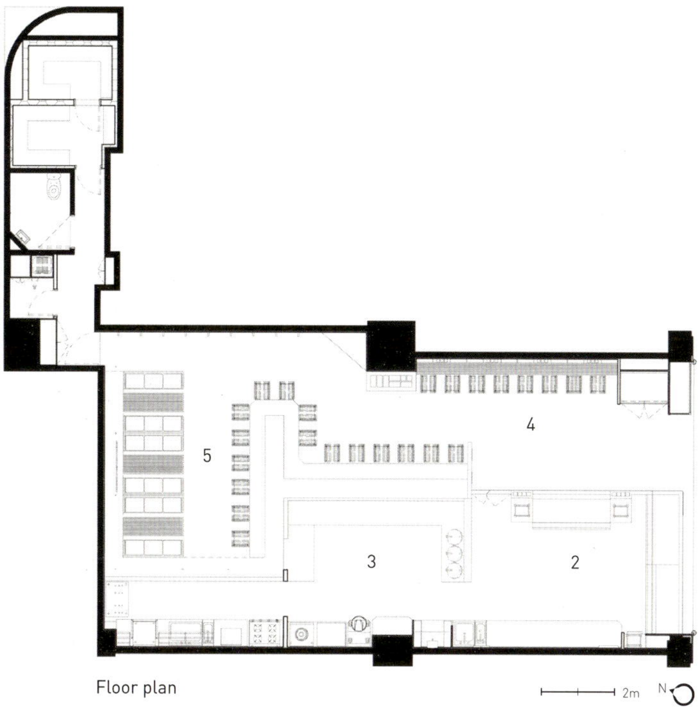

Floor plan

1. Sushi display
2. Sales
3. Sushi chef area
4. Take-away diners
5. Sushi train dining

Sections

2m

SUTTONS UGG HAYMARKET

The concept for the interior fit-out was inspired by the footprint of the Suttons Ugg boot. The forms created within the store have been directly influenced by the curved nature of the shoe's footprint. This dictated the curvature of the dividing walls, the form of the bench seating, and the custom display plates that can be slotted within the made-to-measure wall shelving systems. Warm timbers, textured stone and copper-toned mirrors reflect the product and the brand whilst also creating a warm, inviting and comfortable atmosphere.

El concepto para el interior se inspiró en la huella de la bota Suttons Ugg. Las formas creadas dentro de la tienda han sido influenciadas directamente por la naturaleza curvada de la huella del zapato. Esto determinó la curvatura de las paredes divisorias, la forma del banco, y las placas de los expositores hechas a medida que se pueden encajar dentro de los sistemas de estanterías de la pared. La cálida madera, la piedra texturizada y los espejos en tono cobre reflejan el producto y la marca a la vez que crean una atmósfera cálida, acogedora y confortable.

Location
Sydney, NSW. Australia

Completion date
2016

Area m² / sq ft
91 m² / 979 sq ft

© Photos
Ian Carlson

Sections

2m

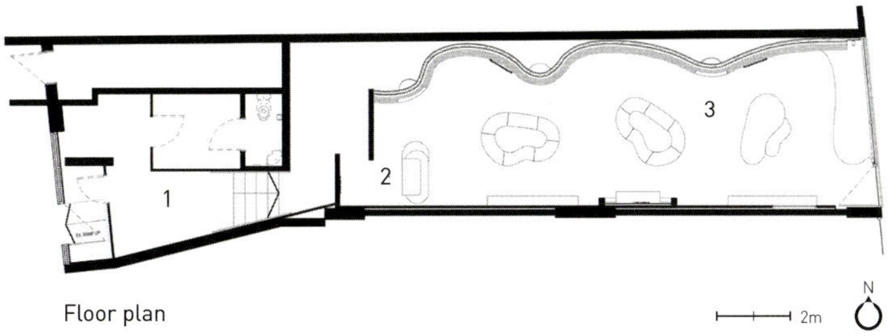

Floor plan

1. Back of house / Staff area
2. Front counter
3. Sales

SF JONES ARCHITECTS

4218 Glencoe Avenue, Studio 2
Marina del Rey, CA 90292
USA

www.sfjones.com

This architectural studio specializes in designing exclusive restaurants. Stephen Francis Jones has created extraordinary ambiences dedicated to gastronomy and entertainment. He has vast experience and a rich vision that has been expressed in different types of projects—the restaurants, lounges, bars, hotels, and spas that he has designed in the United States and around the world are a testament to this. After studying architecture at the University of Florida, Jones graduated from UCLA and began his career in Boston, working with Jung/Brannen Associates. Later he went to Tuscany, Italy to perfect his skills and study the architecture of the region. He returned to Los Angeles and began working at Wolfgang Puck Food Company, which he left in 1996 to establish his own firm.

Este estudio de arquitectura se especializa en diseños de restaurantes exclusivos. Stephen Francis Jones ha creado extraordinarios ambientes dedicados a la gastronomía y el ocio. Él propone una amplia experiencia y una rica visión expresada en diferentes tipos de proyectos: restaurantes, *lounges*, bares, hoteles y *spas* proyectados en Estados Unidos y en todo el mundo. Tras estudiar Arquitectura en la Universidad de Florida, Jones se graduó en la UCLA y empezó su carrera en Boston, trabajando con Jung/Brannen Associates. Posteriormente se marchó a la Toscana italiana para perfeccionar sus habilidades y estudiar la arquitectura del lugar. Volvió a Los Ángeles y empezó a trabajar en Wolfgang Puck Food Company, empresa que dejó en 1996 para fundar su propia firma.

ANISETTE

M.B.POST

BUI SUSHI

GREENLEAF

KUMO

ANISETTE

This project, which resembles a Parisian cafe but is located in the heart of Santa Monica, was designed for an art deco style building dating back to 1929. The chef Alain Giraud wanted to bring the classic taste of French cuisine to the area, which is reflected in an elegant and vintage décor.
Walls, shelves, and furniture in oak make the wine bottles imported from France stand out.
Red leather has been used for the upholstery. The art deco-style mosaic tile floor strategically contrasts with the elegant frosted glass partitions.
The high pillars support a building that was formerly the headquarters of an old bank. This space operates as a café and exclusive wine bar.

Este proyecto, cuyo aspecto recuerda a un café parisino en el corazón de Santa Mónica, fue diseñado para un edificio de estilo *art déco* que data de 1929. El chef Alain Giraud quería traer el sabor clásico de la cocina francesa y que se reflejara en una decoración elegante y *vintage*.
Paredes, estanterías y mobiliario en madera de roble hacen destacar las botellas de vino importadas de Francia.
Se ha utilizado cuero rojo para la tapicería. Destaca el suelo pavimentado a con mosaico de azulejos estilo *art déco* que contrasta estratégicamente con los elegantes separadores de vidrio esmerilado.
Los altos pilares sustentaban un edificio que anteriormente era la sede de un antiguo banco. Este proyecto funciona como cafetería y bar de vinos exclusivos.

Location
Santa Monica, CA. USA

Completion date
2008

© Photos
David Guilburt

EXIT

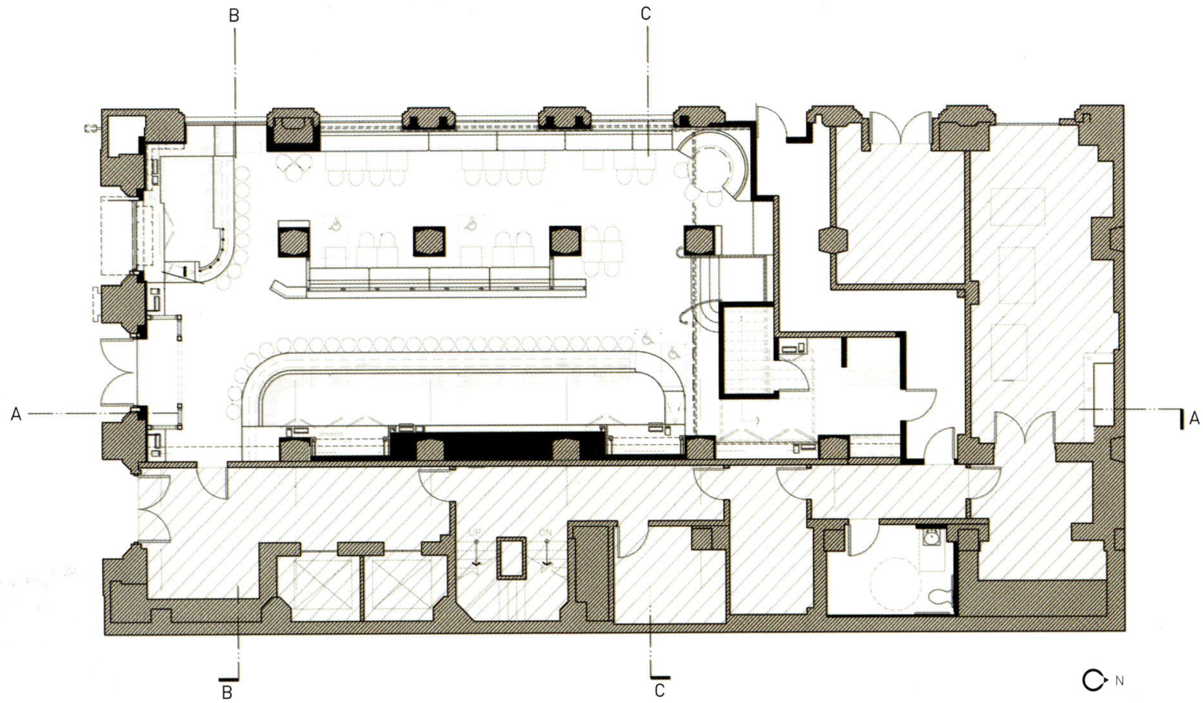

Ground floor plan

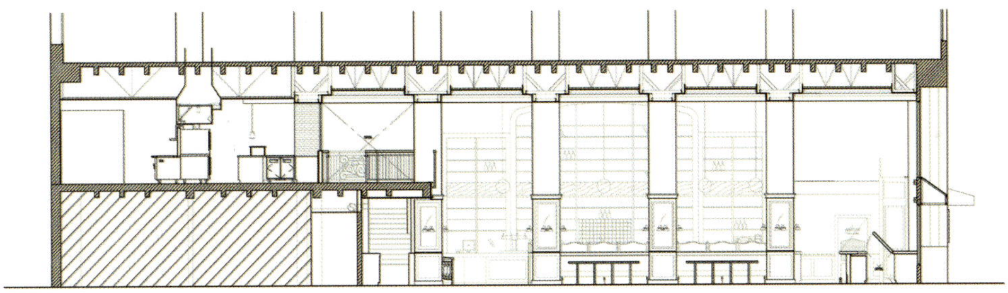

Section A-A

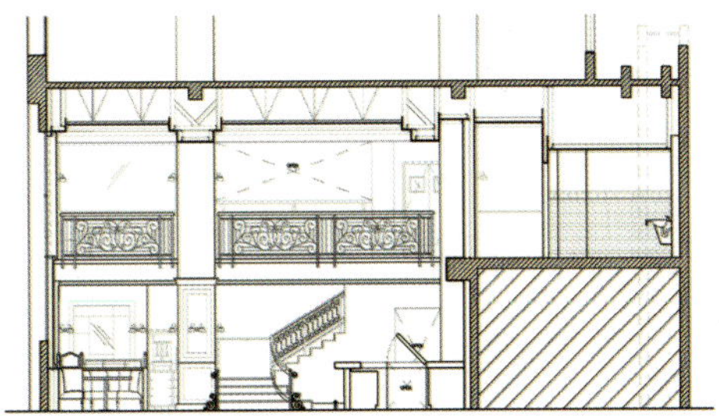

Section B-B

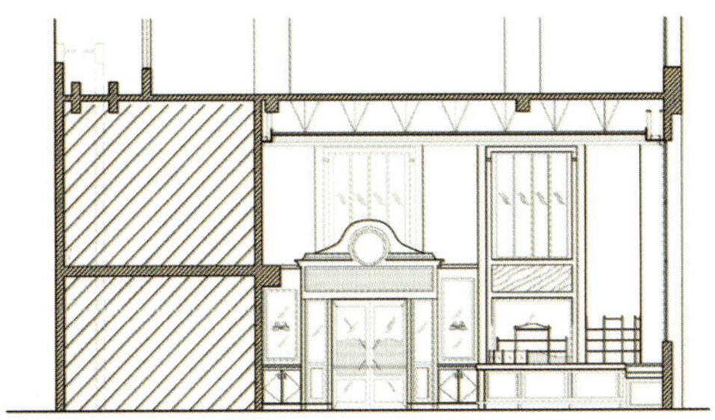

Section C-C

BUI SUSHI

Opened in July 2010, Sushi Bui is a remodeling of an old establishment. The owner wanted to expand his business with a nightclub. The most interesting aspect of this intervention is the use of textures that give the premises the chic look it needed.
Special features of the classic palm wood allow the light of the restaurant bar to shine during daylight hours.

Inaugurado en julio de 2010, Sushi Bui es un proyecto de remodelación de un antiguo establecimiento. El propietario quería expandir su negocio con un local nocturno. El aspecto más interesante de esta intervención han sido las texturas utilizadas, que han aportado el aspecto chic que el local necesitaba.
Las características especiales de la clásica madera de palma permiten que la luz de la barra del restaurante brille durante las horas del día.

Location
Malibu, CA, USA

Completion date
2010

© Photos
Justin Killian

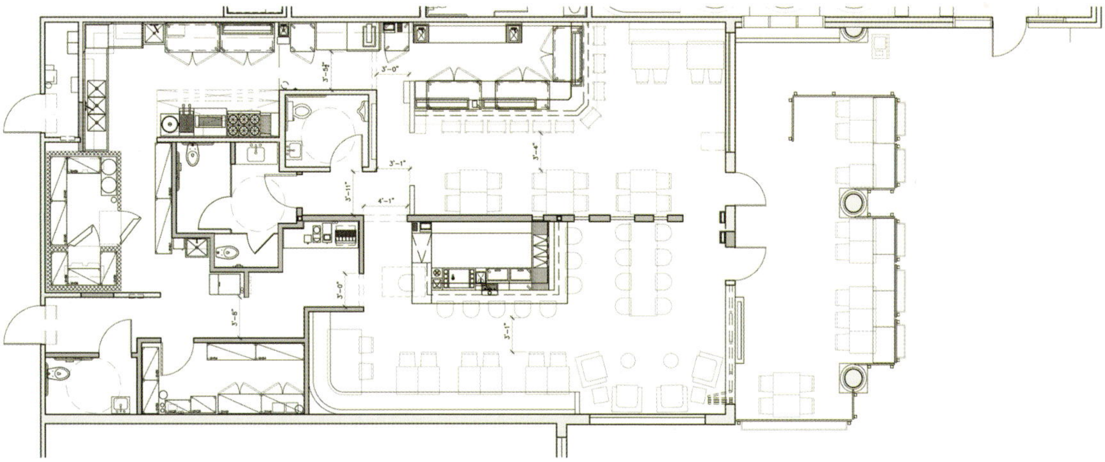

Floor plan

M.B.POST

The luxury restaurant chain M.B.Post asked the architects to create a "sentimental space." In response to this challenge, the director of the firm decided to bring defining pieces from Manhattan Beach to capture the essence of this American town.

The incorporation of historical and cultural references such as volleyball poles, lifeguard stands, and reclaimed wood from a barn are the leitmotif of this restaurant.

Special reference is made to the original post office in Manhattan Beach through the use of rustic walnut carpentry. Rusty steel doors and floor paving further help to make the clients feel at home.

La cadena de restaurantes de lujo M.B.Post pidió a los arquitectos la creación de un «espacio sentimental». En respuesta a este desafío, el director de la firma decidió traer piezas definitorias de Manhattan Beach para captar la esencia de esta localidad norteamericana.

Postes de voleibol, puestos de socorristas, madera recuperada de un granero... La incorporación de referencias históricas es el *leitmotiv* del diseño de este local.

Se hace especial referencia a la oficina de correos original de Manhattan Beach mediante el uso de carpintería rústica de madera de nogal. El acero oxidado en las puertas y la pavimentación del terreno contribuyen aún más a que el cliente se encuentre como en casa.

Location
Manhattan Beach, CA. USA

Completion date
2011

Area m^2 / sq ft
309 m^2 / 3,326 sq ft

© Photos
Justin Killian

NEVER
RING
ONCE
18 ST

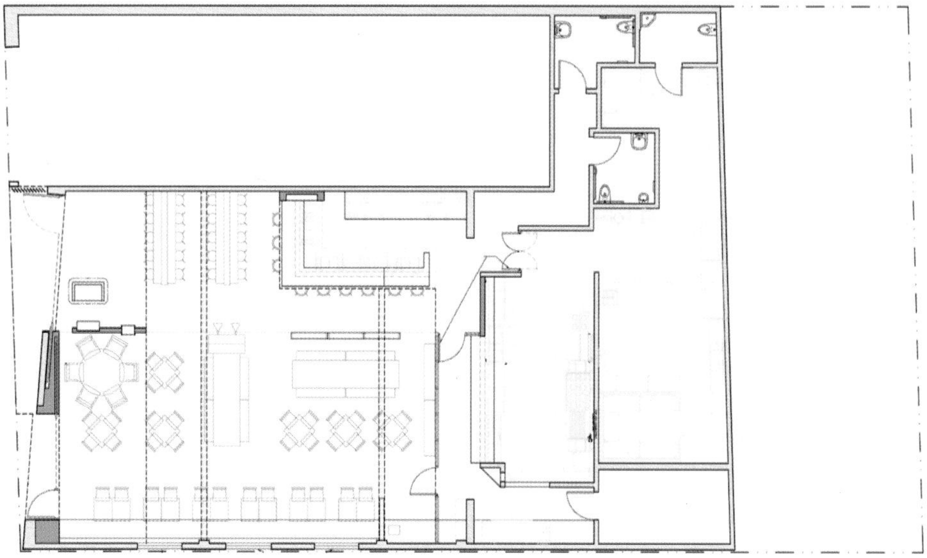

Floor plan

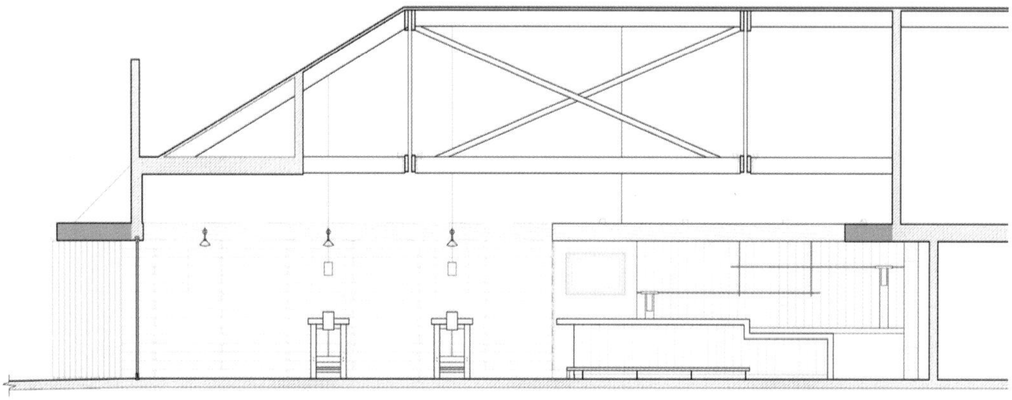

Elevation

GREENLEAF

The owner of the establishment, Jonathan Rollo, wanted a clean, contemporary design to provide a unique and fun atmosphere for those wishing to eat lunch at his restaurant. The designers built an open counter on which clientele can easily see the menu.
Light plays an important role in the design. The lighting system on the communal tables and seating highlights the bamboo furniture. Lettuce leaf motifs decorate the walls, advertising the healthfulness of the food.

El propietario del establecimiento, Jonathan Rollo, quería un diseño limpio y contemporáneo que proporcionara un ambiente único y divertido para aquellos que desearan almorzar en su restaurante. Los diseñadores construyeron un mostrador abierto sobre el cual los clientes pueden ver fácilmente la carta.
La luz juega un papel importante en el diseño: el sistema de iluminación sobre las mesas comunes y los asientos enfatiza el mobiliario construido con bambú. En las paredes se han dispuesto decoraciones que simulan hojas de lechuga como reclamo de la comida sana.

Location
Los Angeles, CA. USA

Completion date
2010

© Photos
Justin Killian

Greenleaf

KUMO

Kumo means "cloud" in Japanese and this concept led SF Jones to create a pure and pristine white ambience for a sushi restaurant.
The architects have created an elegant, achromatic, modern, and refined space, much like the cuisine of chef Hiro Fuijita.
The smooth curvature of the ceiling and walls allows for the installation of dramatic lighting. A row of plasma screens with a cyclic animation called City Glow has been arranged, designed by the artist Chiho Aoshima, whose painting style is derived from combining traditional Japanese painting with pop, anime, and manga.
A small private dining room has been installed with a cascade of large, bright, glass sphere hanging lamps.

Kumo significa «nube» en japonés y este concepto llevó a SF Jones a crear un ambiente puro y blanco inmaculado para un restaurante de sushi.
Los arquitectos han creado un espacio elegante, acromático, moderno y refinado, como la cocina del chef Hiro Fuijita.
La curvatura suave del techo y las paredes permiten la instalación de una iluminación teatral. Además se ha dispuesto una hilera de pantallas de plasma con animación cíclica llamada City Glow, ideada por el artista Chiho Aoshima, cuyo estilo pictórico se deriva de la pintura tradicional japonesa, el pop, el *anime* y el *manga*.
Se ha instalado un pequeño comedor privado donde se disponen grandes lámparas en cascada de brillantes orbes de cristal.

Location
Los Angeles, CA, USA

Completion date
2007

© Photos
Weldon Brewster

EXIT
INFO LIGHTING

SHICHIEH LU/CJ STUDIO

6F # 54 Lane 260
Kwang-fu South Road, Taipei
TAIWAN

www.shi-chieh-lu.com

Born in Taipei in 1965 Lu Shichieh graduated in Architecture from the Architectural Association in London in 1993. In 1995, he set up the office CJ Studio. He has taught at the Universities of Shih Chien, Min-Chang and Tung-Hai. In 2003, he created his own brand. CJ Studio defines architecture and design as social acts, not only as art. Each design project is an experience where the owners and users have to join this venture to seek and create a new system. He believes that through analyzing, integrating, rediscovering, and the existing conditions (the environment, function, owner, historical background, etc.), the order and geometry that exist in the real world can be found and the past can be connected with the future.

Nacido en 1965, en Taipéi, Shichieh Lu se licenció en Arquitectura por la Architectural Association de Londres en 1993. En 1995 estableció el despacho CJ Estudio. Ha sido profesor en las universidades de Shih Chien, Min-Chang y Tung-Hai. En 2003 creó su propia marca. CJ Estudio define la arquitectura y el diseño como actos sociales, no solo como arte. Cada proyecto de diseño es una experiencia donde los propietarios y los usuarios tienen que unirse en la aventura de buscar y crear. A través del análisis, la integración, el redescubrimiento y las condiciones existentes (el medio ambiente, la función, el propietario, los antecedentes históricos, etc.), se puede encontrar la relación de orden y geometría que existe en el mundo real y en el pasado para conectarse con el futuro.

Q SQUARE STEPHANE DOU CHANGLEE YUGIN

The opening of a new Stephane Dou and Changlee Yugin boutique was a creative challenge that consisted of developing the brand image and adapting it to a commercial environment.
The original structure of the boutique consists of corrugated sheets often used at construction sites to define the space.
The designers sought a wraparound design that encourages a carefree shopping experience. This was achieved with the use of metals and glass panels to produce ripples and
The galvanized metal sheets and stainless steel materials highlight the contemporary and avant-garde spirit of the brand.

La apertura de una nueva tienda de Stephane Dou y Changlee Yugin supuso un reto creativo que consistía en desarrollar la imagen de la marca adaptándola a un entorno comercial.
La original estructura de la *boutique* se compone de láminas corrugadas utilizadas en las obras de construcción que permiten definir el espacio.
Los diseñadores de ropa querían un diseño envolvente y que incitara al visitante a comprar de manera despreocupada. Esto se consiguió con el uso de materiales metálicos y con paneles de vidrio que forman ondas y reflejos, generando un ambiente sencillo y suave.
Las láminas de metal galvanizado y los materiales inoxidables subrayan el espíritu contemporáneo y vanguardista de la marca.

Location
Taipei, Taiwan

Completion date
2009

© Photos
Marc Gerritsen

STEPHANE DOUCHANGLEE

PAMPER HEIRESS

The brand Pamper Heiress adopted the theme "the house of diamonds" for this project. Inspired by clothing and jewelry displayed in the store, the designers created a bright and glossy ambience. The showcases were designed to mimic the light reflections in multiple angles, as if they were diamonds. The ceiling was decorated with sinuous lines that respond to the angular shapes of the jewelry showcases, which achieves a balance in all elements. The design of the clothing and jewelry store is clean and minimalist, from the large objects to the smallest details. The entire space is sophisticated and luxurious, reflecting the philosophy of the brand.

La marca Pamper Heiress adoptó el tema «la casa de los diamantes» para este proyecto. Inspirados por la ropa y la joyería expuesta en el local, los diseñadores proyectaron un ambiente luminoso y brillante. Las vitrinas fueron concebidas para imitar los reflejos de luz en multiángulos, como si de un diamante se tratara. El techo fue decorado con líneas sinuosas que responden a las formas angulosas de los expositores de joyas, con lo que se consigue que todos los elementos queden equilibrados. El diseño de la tienda de ropa y joyería es limpio y minimalista, desde los grandes objetos hasta los más pequeños detalles. Todo el conjunto forma un espacio sofisticado y lujoso acorde con la filosofía de la marca.

Location
Taipei, Taiwan

Completion date
2008

Area m² / sq ft
129 m² / 1,388 sq ft

© Photos
Marc Gerritsen

STUDIO 63
ARCHITECTURE + DESIGN

Via Santo Spirito 6
50125 Florence
ITALY

www.studio63.it

Studio 63 was the result of a fateful encounter between Piero Angelo Orecchioni and Massimo Dei that led to the founding of an architectural studio in 1998. The studio progressed slowly but surely, before opening new offices in the city of New York in 2003, another in Hong Kong in 2005, and another in Shanghai in 2008, in addition to creating operative partnerships in Dubai and Singapore. The creative team is made up of very talented professionals from different disciplines, providing a multicultural exchange. A strong identity—the result of extensive research—as well as creative proposals and a deep respect for contemporary language criteria, are the hallmarks of their projects. The studio specializes in retail and hospitality projects.

Studio 63 es el resultado de un encuentro fructífero entre Piero Angelo Orecchioni y Massimo Dei que les llevó a la fundación del estudio de arquitectura en 1998. El estudio fue creciendo poco a poco hasta abrir, en 2003, una nueva oficina en la ciudad de Nueva York, otra oficina en Hong Kong en 2005 y en 2008 su última oficina en Shanghái, además de establecer una sociedad operativa en Dubái y en Singapur. El equipo creativo lo forman profesionales de enorme talento que provienen de diferentes disciplinas, lo que propicia el intercambio de ideas. Una fuerte identidad es el sello distintivo de sus proyectos, resultado de una amplia investigación, propuestas creativas y un profundo respeto por los criterios del lenguaje contemporáneo. Están especializados en diseño de espacios comerciales y hoteles.

JACOB COHEN SHOWROOM

The Jacob Cohen brand was created with the idea of producing tailor-made jeans conceived and designed with the care usually given to haute couture garments. The design concept for the showroom evolved with the same idea—a place where every last detail was cared for.
With resin flooring and grey cement walls, the showroom was designed as a neutral container. Its spaces are not completely closed, allowing a continuous flow between them. The wooden strips function as partitions and as containers for the clothing.

La marca Jacob Cohen fue fundada con la idea de fabricar unos vaqueros a medida pensados y diseñados con la atención que normalmente se pone en una prenda de alta costura. El concepto del diseño para el *showroom* fue evolucionando con la misma idea: un espacio donde se cuidaban todos los detalles.
El *showroom* fue pensado como un contenedor neutro, con suelo de resina y paredes con cemento gris. Los espacios no se cierran por completo y permiten un flujo continuo entre ellos.

Location
Milan, Italy

Completion date
2009

© Photos
Yael Pincus

NOVO SHANGHAI

The store was created as a space in continuous movement and with communication between the exterior and interior spaces. The façade and exterior steps are covered with a membrane-like skin that tells shoppers that there is something important inside.
The architect chose the colors red and white for the design because they form a part of the Novo logo. In the center of the space, a staircase painted bright red has been installed and stands out from other elements.
The design is characterized by dynamic, organic, and plastic forms. The roof is covered with large oval-shaped red and black structures, some of which act as sources of light and others as air conditioning vents.

El establecimiento ha sido concebido como un espacio que fluye y comunica el exterior y el interior. La fachada y la escalera exterior se cubren con una membrana, como si fuera una piel que alerta al usuario de que hay algo interesante en el interior.
El blanco y el rojo son los colores seleccionados por el arquitecto para el diseño, ya que forman parte del logotipo de la marca Novo. En el centro del espacio se ha instalado una escalera pintada de rojo brillante que destaca entre los demás elementos.
El diseño se caracteriza por unas formas dinámicas, orgánicas y plásticas. El techo está cubierto de grandes estructuras ovaladas de color rojo y negro; algunas funcionan como fuentes de luz y otras, como salidas de aire acondicionado.

Location
Shanghai, China

Completion date
2010

Area m² / sq ft
4.500 m^2 / 48,437 sq ft

© Photos
Studio 63 Architecture + Design

Fashion + Design + Technology

TIAGO DO VALE ARQUITECTOS

Rua Dom Frei Caetano Brandão 121
4700 031 Braga
PORTUGAL

www.tiagodovale.com

- Editor of Design Media Publishing's "Urban Complex" monograph.
- Curator of the "Urban Dialogues, International Architecture Congress" in 2014.
- Winner in the 2014 Building of the Year Awards.
- Winner in the 2015 A+Awards.
- Curator of the "Mesturas, International Architecture Encounters Galicia-Portugal" in 2015, 2016 and 2017.
- Jury member for the DAS Awards 2016 (Moldavia).
- Jury member on behalf of the Portuguese Architects Board for the João de Almada Award in 2016.
- Bronze Winner in the American Architecture Prize 2016.
- Winner in the American Architecture Prize 2017.

- Editor del monográfico"Urban Complex" de Design Media Publishing.
- Comisario de los "Diálogos Urbanos, Congreso Internacional de Arquitectura" en 2014.
- Ganador en los Building of the year Awards 2014.
- Ganador en los A+Awards 2015.
- Comisario de "Mesturas, Encuentros Internacionales de Arquitectura Galicia-Portugal" en 2015, 2016 y 2017.
- Jurado de los premios DAS 2016 (Moldavia).
- Jurado en nombre de la Orden de Arquitectos Portuguesa del premio João de Almada en 2016.
- Ganador de Bronce del Premio Americano de Arquitectura 2016.
- Ganador del Premio Americano de Arquitectura 2017.

BOTTLES CONGRESS

The modular design helped organise and display the products: "Considering we had over one thousand different bottles, each with its own shape, size, colour and label, the modularity of the design, with its rhythm and repetition, introduced a deliberate order into a potentially chaotic, noisy context. We felt we needed that visual systematisation and subtly reinforced it with lighting. But, equally, we had to strike a balance: if we overdid it, each individual product would get lost in its context." The best balance between modularity and individuality was found by designing four different types of display box, with each design arising as a precise consequence of the particular shape, presentation characteristics and resting needs of each specific type of bottle.

El diseño modular puso orden en la exposición de los productos: "Teniendo en cuenta que teníamos más de mil botellas diferentes, cada una con su forma, tamaño, color y etiqueta, la modularidad del diseño, con su ritmo y repetición, introdujo un orden deliberado en un contexto potencialmente caótico y ruidoso. Sentíamos que necesitábamos esa sistematización visual y que fue sutilmente reforzada con la iluminación. Pero también necesitábamos encontrar un equilibrio: si lo exagerábamos, cada producto individual se perdería en su contexto". El mejor equilibrio se encontró mediante el diseño de cuatro tipos de cajas de presentación, cada diseño viene como una consecuencia precisa de las formas particulares, las características de presentación y las necesidades de reposo de cada tipo específico de botella.

Location
Braga, Portugal

Completion date
2014

Area m² / sq ft
144 m² / 1,550 sq ft

© Photos
João Morgado

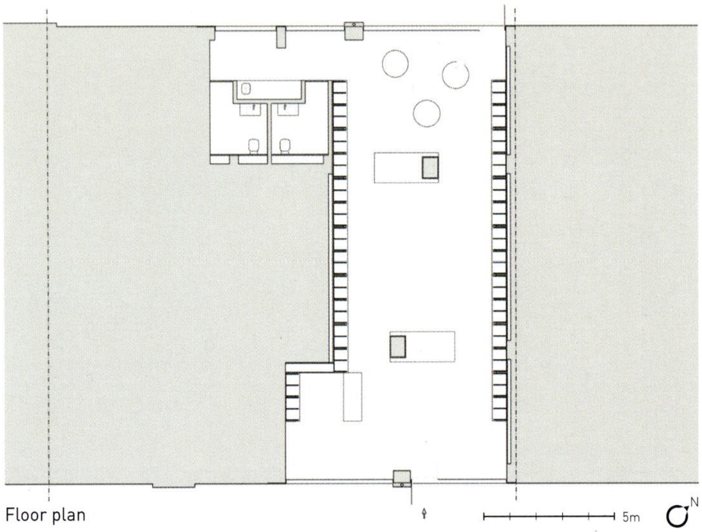

Floor plan

Section

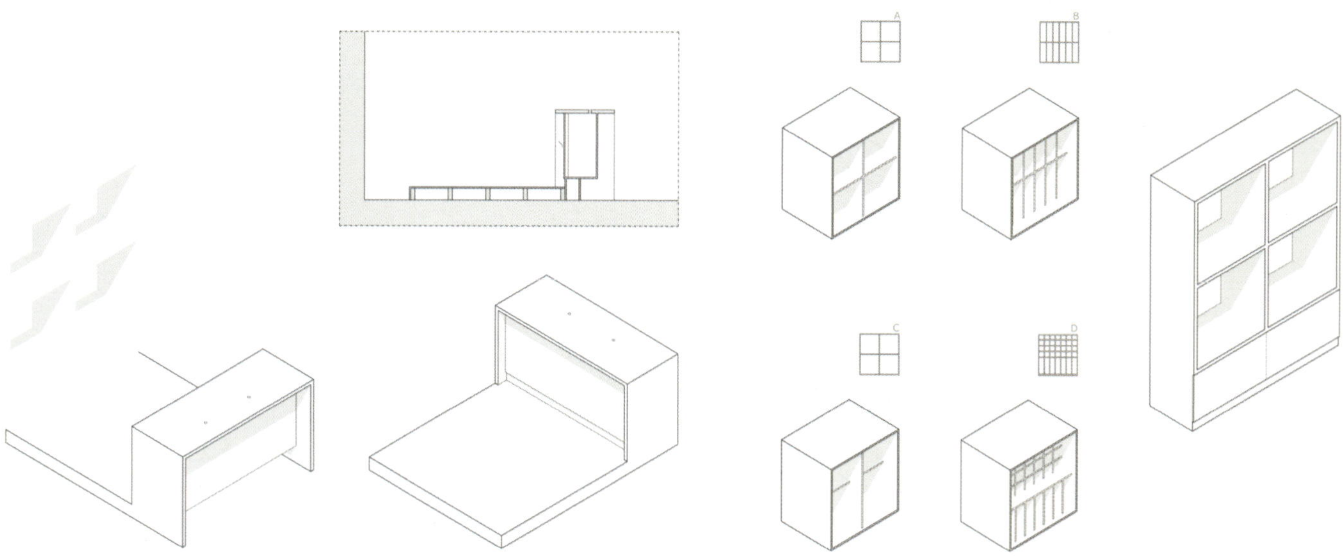

Diagrams

Sketches

THE CAVEMAN

Having as a starting point a shoe store built in the late 90s, this new commercial space -which targets a very specific (and demanding) market with a wide range of products- required a project designed with great product presentation flexibility, generating a space with a strong, recognisable and repeatable image, while achieving this at a very low cost.
The pre-existing plasterboard false ceiling was demolished and the wallpaper removed. Lifting the deteriorated floating floors revealed a concrete subfloor in great condition. A concrete column was concealed behind four floor-to-ceiling mirrors.
This project has recently been awarded the American Architecture Prize 2017 in the category of Interior Design / Retail.

Teniendo como punto de partida una zapatería construida a finales de los años 90, este nuevo espacio comercial —dirigido a un mercado muy específico (y exigente) con una amplia gama de productos— requería un proyecto diseñado para tener una gran flexibilidad en la presentación de los productos, generar un espacio con una imagen fuerte, reconocible y repetible, y a la vez conseguirlo a un coste muy bajo.
El falso techo existente fue demolido y el papel pintado de las paredes fue eliminado. Al levantar los suelos flotantes quedó al descubierto un subsuelo de hormigón en excelentes condiciones. Una columna de hormigón estaba oculta tras cuatro espejos de suelo a techo. Este proyecto ha sido recientemente galardonado con el Premio Americano de Arquitectura 2017 en la categoría de Interiorismo / Retail.

Location
Ponte de Lima, Portugal

Completion date
2017

Area m² / sq ft
62 m² / 667 sq ft

© Photos
João Morgado

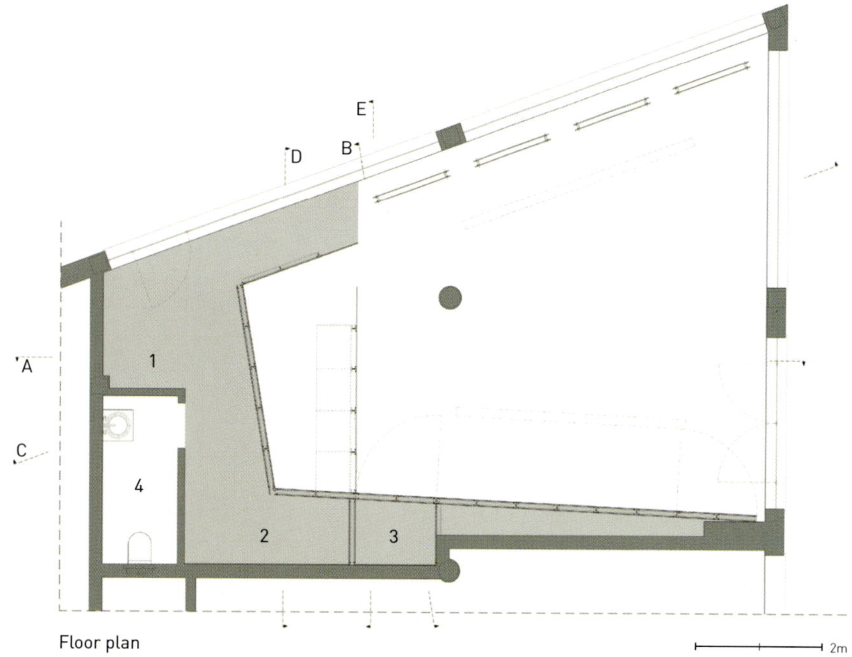

Floor plan

1. Workshop
2. Stock room
3. Dressing room
4. Toilet

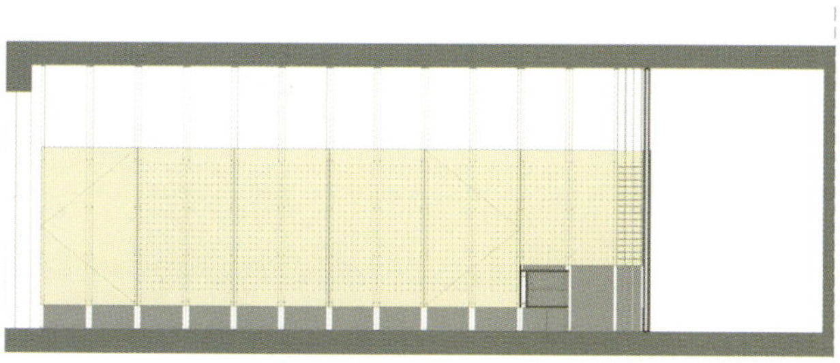

Section A

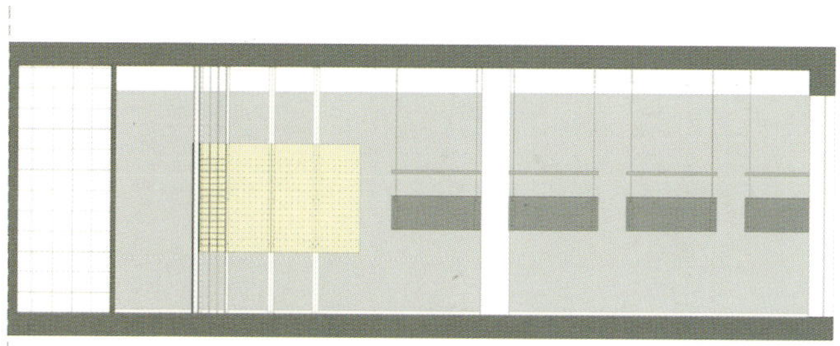

Section C

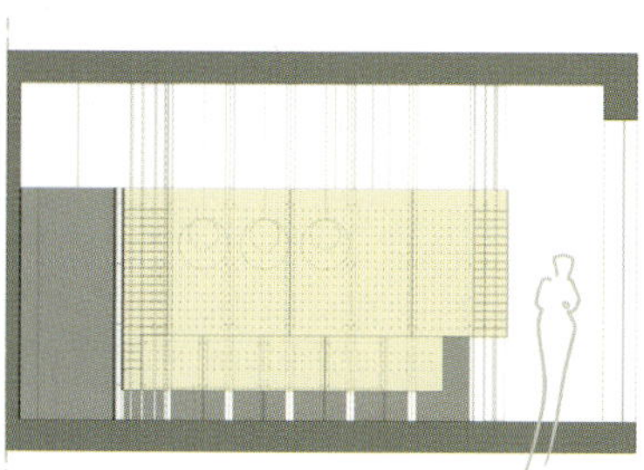

Section B

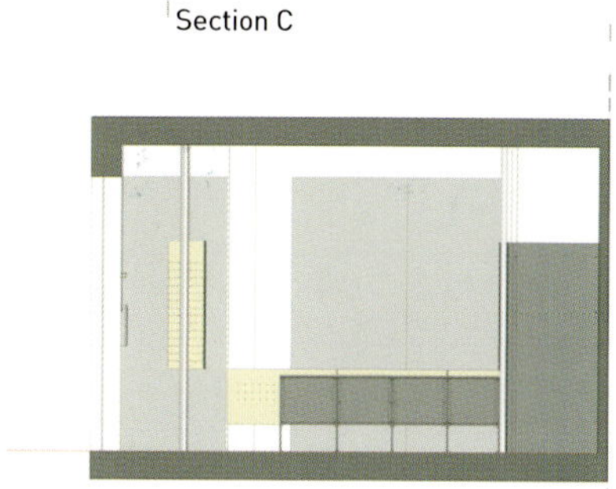

Section D

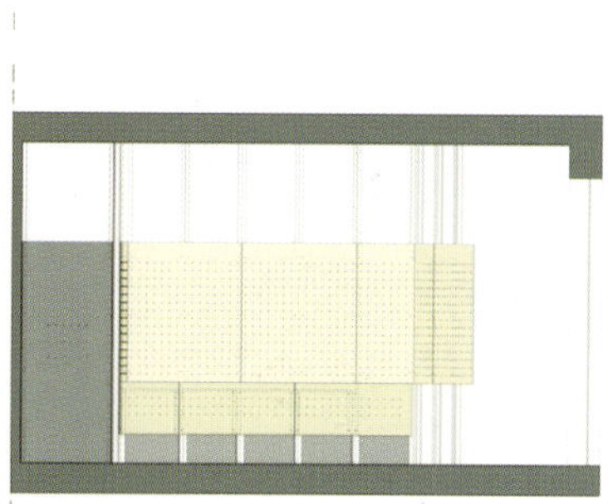

Section E

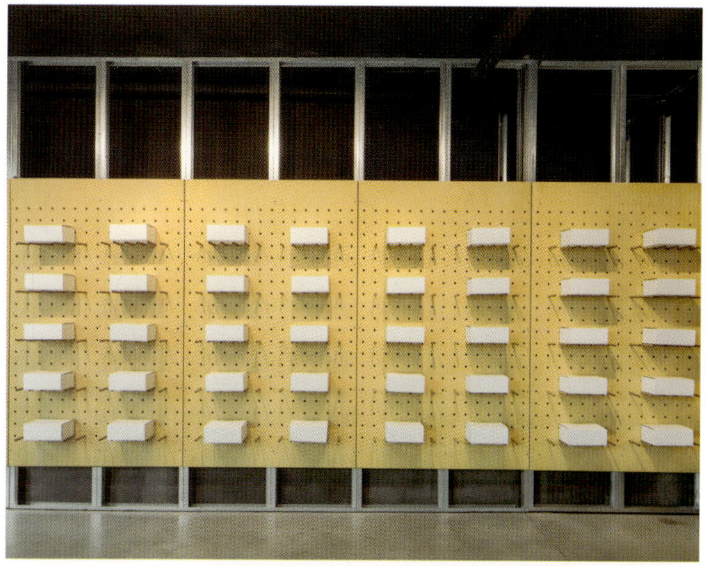

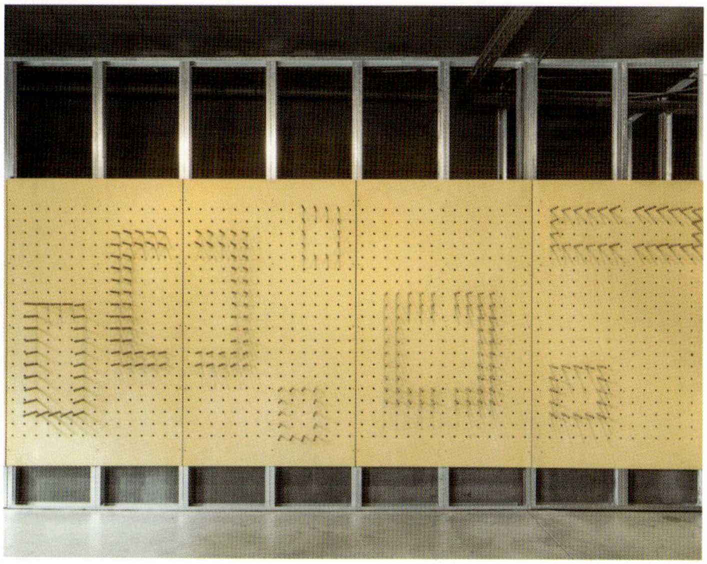

Diagrams

© Jacob Karström

WINGÅRDH ARKITEKTKONTOR AB

Kungsgatan 10A
411 19 Göteborg
SWEDEN

www.wingardhs.se

Gert Wingårdh is Sweden's most renowned architect, working from Gothenburg and Stockholm. He started his practice soon after graduation in 1975, and today Wingårdh Arkitektkontor AB is one of the largest architect practices in Sweden. The firm's high artistic aspirations have earned it numerous accolades.

Gert Wingårdh es el arquitecto más famoso de Suecia, que opera desde Gotemburgo y Estocolmo. Fundó su estudio poco después de su graduación, en 1975, y hoy Wingårdh Arkitektkontor AB es una de los estudios de arquitectura más grandes de Suecia. Las altas aspiraciones artísticas de la firma le han valido numerosos galardones.

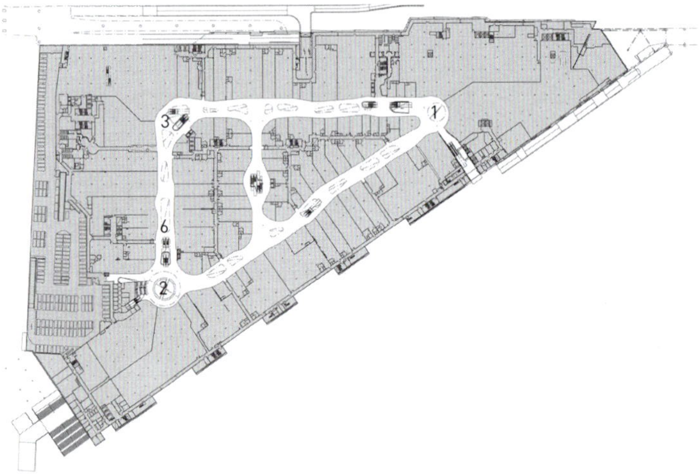

Upper ground floor

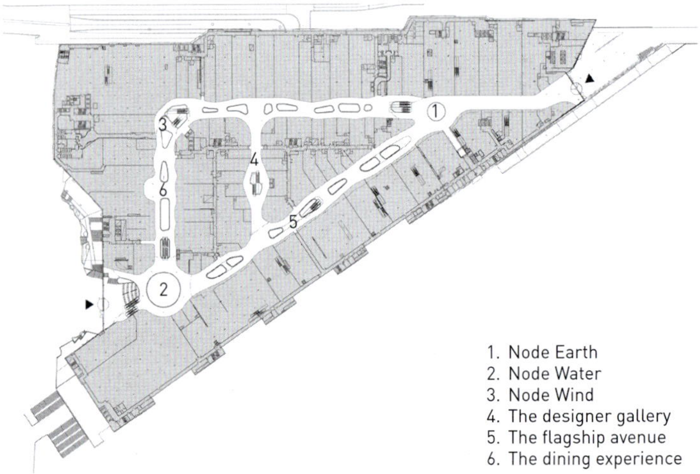

Lower ground floor

1. Node Earth
2. Node Water
3. Node Wind
4. The designer gallery
5. The flagship avenue
6. The dining experience

0 20 50m N

MALL OF SCANDINAVIA

Mall of Scandinavia in Solna opened in 2015. Wingårdh Architects were responsible for most of the public interiors. Mall of Scandinavia consists of four avenues. Like houses along a street, the distinctive designs of the stores convert the mall into an urban experience.

El Mall of Scandinavia en Solna se inauguró en 2015. Los arquitectos de Wingårdh han estado a cargo de la mayor parte de los interiores públicos. Este centro comercial consta de cuatro avenidas. Al igual que las casas a lo largo de una calle, los diferentes diseños de las tiendas logran la experiencia urbana del centro comercial.

Location
Solna, Sweden

Completion date
2015

Area m² / sq ft
101.100m² / 1,088.231 sq ft

© Photos
Andé Pihl, Johan Tägtström

M
MALL OF SCANDINAVIA
clas ohlson
clas ohlson
reception

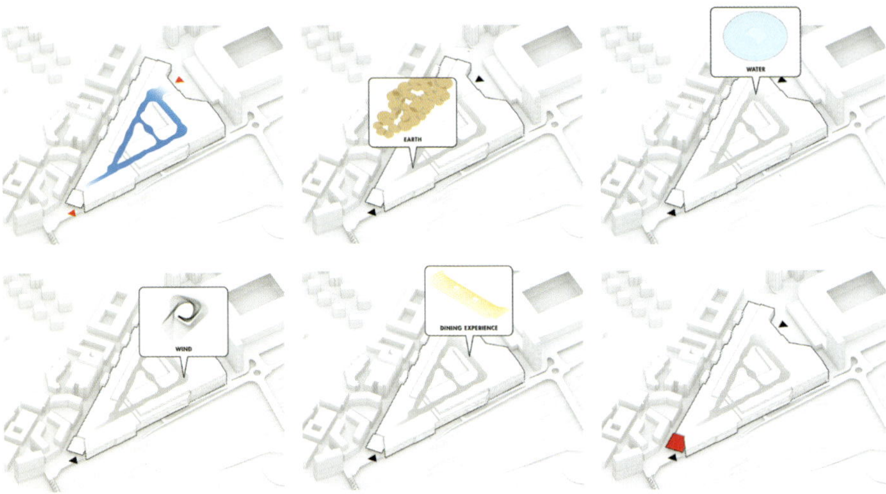
EARTH
WATER
WIND
DINING EXPERIENCE

Diagrams

R.O.O.M
Printz

FILMSTADEN
VIP & RESTAURANG
DRAMA
BIO

VIP
FILMSTADEN
BIO
FILMSTADEN
Disney
ÅHLÉNS
Molo

Lindt
habitat
R.O.O.M.
BARRETT
stadium
INTERSPORT

MALMÖ MARKET HALL

In 2013 Wingårdh Architects was commissioned to transform a roofless ruin into a market hall. The solution was to imitate the gabled outline of the existing building, but only build where the conditions were right. Weathered corrugated steel provides an echo of its former industrial nature.

En 2013 Wingårdh Architects se encargó de transformar una ruina sin cubierta en un mercado. La solución consistía en imitar la silueta a dos aguas del edificio existente, pero solo construir donde las condiciones eran adecuadas. El acero corrugado resistente al desgaste se hace eco de su carácter industrial anterior.

Location
Malmö, Sweden

Completion date
2016

Area m² / sq ft
1.500 m² / 16,146 sq ft

© Photos
André Pihl

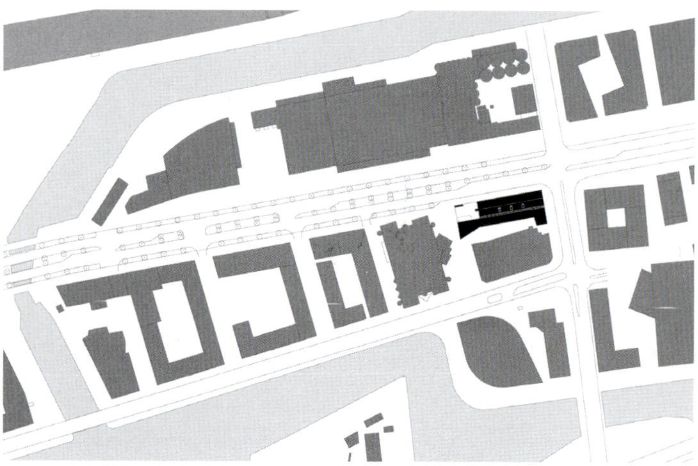

Situation plan

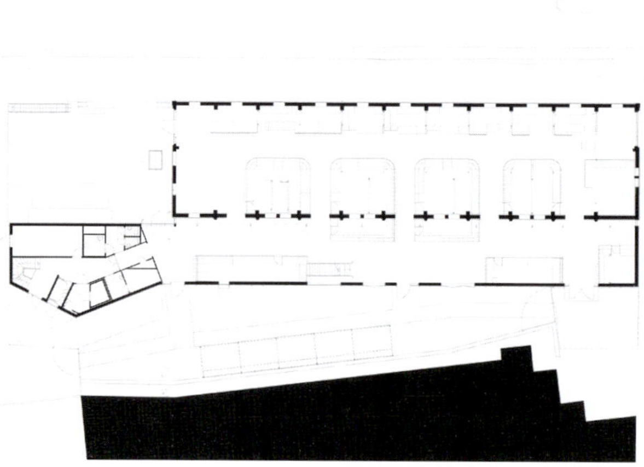

Floor plan

Facades

DIRECTORY

ANDRE KIKOSKI

The Wright at the Guggenheim Museum

Second Home Kitchen and Bar

Suba Restaurant

ARCHITEKTUR DENIS KOŠUTIĆ

Andreas K Hair Studio

ORLANDO DI CASTELLO

Amicis Bel Etage

AREA-17 ARCHITECTURE & INTERIORS

Jacob Cohën Showroom

Monopy Showroom

Frantzén's Kitchen

Dispensa Emilia

ARIA GROUP ARCHITECTS, INC.

Hilton Chicago
Client: Hilton Chicago
General Contractor: Crane Construction
MEP Engineer: Quest Design Group
Structural Engineer: Eskenazi, Farrell and Fodor
Main Furniture Manufactuer: E.J. Industries
Main Flooring Manufacturer: Peko Flooring
Graphics: Visual Impact Media
Lighting: Schuler Shook

Not Your Average Joe's
Client: Not Your Average Joe's: Steve Silverstein, Founder & CEO; Denis Maher, VP of Real Estate; Marc Champagne, Director of Construction & Facilities
General Contractor: Cornerstone Design/Build Services, Inc.: Bob Sanford, President; Shawn Coelho, Project Manager; Joe Diogo, Superintendent; Kay Owen, Project Assistant
MEP Engineer: Face Associates; Victor Convers
Main Furniture Manufactuer: Soft Touch Furniture
Main Flooring Manufacturer: Daltile
Main Lighting Manufacturer: USAI, Eureka, Restoration Hardware

Coopers Hawk
General Contractor: Englewood Construction
Structural Engineer: Hart, Gaugler & Associates
MEP Engineer: Klaucens & Associates, Inc.
Main Flooring Manufacturer: Stone Source
Main Lighting Manufacturer: Bover Lighting
Millwork Manufacturer: Premier Woodworking

Standard Market Grill
General Contractor: Novak Construction, Chicago IL
Audio/Visual: Cary Coles Archertech Inc Chicago IL
Ceilings: Encon Environmental Concepts, Addison IL
Furniture: Best Collection – Chicago IL , AT-95 – Killbuck, OH
Lighting: Tom Dixon, Restoration Hardware
Signage/Graphics: Sign Effects – Itasca – IL; Paul Punke – Chicago IL
Wallcoverings and Materials: Daltile – Chicago IL, Stone Source – Chicago IL

Fielding's Local Kitchen + Bar
Client: Fielding's Culinary Group
General Contractor: Embree Construction Group
MEP Engineer: IDSTUDIO4
Main Furniture Manufactuer: Beaufurn, LL/Emu Americas
Main Flooring Manufacturer: Ceramic Technics/Stone Source
Main Lighting Manufacturer: Philips Lightolier/Challenger

Shake Shack
Client: Shake Shack
General Contractor: Hardison/Downey
MEP Engineer: Henderson Engineers
Main Furniture Manufactuer: STAACH/UHURU
Main Lighting Manufacturer: David Weeks Studio

Nando's Peri-Peri Hyde Park
Client: Nando's Peri-Peri
General Contractor: Kern Konstruction
MEP Engineer: Advance Consulting Group
Main Furniture Manufactuer: EJ Industries
Main Lighting Manufacturer: Archistoric

Topolobampo
Client: Frontera Restaurant Group
General Contractor: Kern Konstruction
Main Furniture Manufactuer: EJ Industries
Main Lighting Manufacturer: Villa Lighting

BARA DESIGN STUDIO

Tomgeorge
Clients: György Lefkovits, Tamás Sztanó
Interior design: Miklós Maximilián Tóth
Graphic designer: Ádám Lannert
Lighting designer / Selective Lighting: Istvan Derzsi
https://www.selectivelighting.com
General contractor: Katona Maufactura, http://katonamanufaktura.com
Interactive restaurant consulting: IRC, www.irc1.com
Nascon: http://www.villanykor.hu

Bob
Clients: György Lefkovits, Tamás Sztanó
Designer: Miklós Maximilián Tóth
General contractor: Katona Maufactura, http://katonamanufaktura.com
Solinfo: http://solinfo.hu
Nascon: http://www.villanykor.hu

Bestia
Clients: György Lefkovits, Tamás Sztanó, Rozina Wossala
Designer: Miklós Maximilián Tóth
Graphic designer: Gáspár Bonta
Past up graphics: Alexis Diaz
General contractor: Katona Maufactura, http://katonamanufaktura.com
Nascon: http://www.villanykor.hu

Tg Italiano
Clients: György Lefkovits, Tamás Sztanó
Designer: Miklós Maximilián Tóth
Graphic designer: Ádám Lannert
General contractor: Katona Maufactura, http://katonamanufaktura.com
Nascon: http://www.villanykor.hu

BELLS + WHISTLES

Broken Spanish

Campfire

Juice Served Here

Bacoshop

CARLO BERARDUCCI ARCHITECTURE

Zen Sushi Restaurant
Client: Zen Sushi World
General Contractor: Edilgero Srl
Marble: Works Alfamarmi
Lighting: Artemide
Seating: Lapalma

COOP HIMMELB(L)AU

BMW Welt

Central Los Angeles Area High School

Pavilion 21 Mini Opera Space

CORNEILLE UEDINGSLOHMANN ARCHITEKTEN

Esprit Frankfur

LRRH Berlin

ELB Stuttgart

Commercial Building Hong Kong

DAAA HAUS

Bottone
Brands Used: Puraluce, Flos, Vondom

Burlington Offices
Brands Used: Sancal, La Palma, Foscarini by Diesel, Barrisol, Nova Colour

BLT
Brands Used: Equipe, Pedrali, Toscot

Anthea Preziosi
Brands Used: Bolon, Mevaco, Novacolor, Flos

DESIGN SPIRITS CO.

Beijing Noodle No.9

The Hutong Project

Niseko Look out Café

Nautilus Project

Rootz

DUCCIO GRASSI ARCHITECTS

Al Hamra Luxury Complex
Architectural project: Skidmore Owings & Merrill
Interior design: Duccio Grassi Architects
Flooring / wall: Marmi Savema SPA
Wall: Calce Del Brenta
Ceiling+Lighting: PSlab
Furniture suppliers: B&B Italia, Living Divani, Stepevi, Nilufar, Tom Dixon, Gandia Blasco, Metalarch

Zara Roma Palazzo Bocconi
Architectural & Interior Design: Duccio Grassi Architects
Lighting: Erco Illuminazione S.R.L. www.erco.com
Glazing: Grazi Cristalli. www.grazicristalli.com
Ceiling Mirror: Specchio Piuma. www.specchiopiuma.com
Wood Panels: Simon Young
Furniture: Goa Invest sa. www.inditex.it
Ironwork: Caamano Sistemas Metalicos http://www.grupocaamano.es
Textiles: Kvadrat. www.kvadrat.dk
Rubelli: www.rubelli.com

Max Mara Madison Av. NY
Architectural & Interior Design: Duccio Grassi Architects
Local consultants: White Box Group LLC
Architects of record, MEP& structural: Sawicki Tarella
General contractors: Costa Interiors
Lighting: Turnlights, Viabizzuno
Custom made furniture: LISAR spa, MS arredamenti
Natural stone: Marmi Galli
Wood flooring: Idee&Parquet
Fabrics: Kvadrat

FUMITA DESIGN OFFICE

Anayi

Nissan Gallery Global Headquarters

Spiritual Mode

INRE STUDIO

The Proscenium
Design collaborator: Kuniko Onishi
Graphic designer: Eiko Kashiwakura
General construction: An Binh Gia Co., Ltd.
Steel construction: TK Industry Vietnam Co., Ltd.

The Kitchenette
Package designer: Eiko Kashiwakura
Construction: TK Industry Vietnam Co., Ltd.

L.E.D ARCHITECTS

Chasht Restaurant – 2000$ Restaurant
Associates: Amirmahdi Mastoori, Elham Mastoori

Navid Pharmacy
Designer: Shahab Mirzaean Mahabadi, Amir Mahdi Mastoori, Elham Mastoori
Associates: Mohammadebrahim Tajik, Marjan Nazari, Omid Mohammadi, Hosein Zein Aghaji, Kasra Shafieezadeh

Vozara Tower
Designer: Shahab Mirzaean Mahabadi, Ali Hadi Moghadam (L.E.D Architects), Arash Sajadi, Pouneh Vakilian (Padra Paya Pars)
Associates: Ali Hadi Moghadam, Padra Paya Pars CO

LANDAU + KINDELBACHER ARCHITEKTEN - INNENARCHITEKTEN

New Office Design Signa Zurich
Interior designers: Landau + Kindelbacher Architekten - Innenarchitekten
Lighting design: Tropp Lighting Design, Weilheim
Project management + construction supervision: i+R Wohnbau GmbH, A-Lauterach
HSL-planning: Intemann AG, CH-Au
Electrical design: I-TEC Schweiz AG, A-Diepoldsau
Structural: WSS Wärme- & Schallschutztechnik Schwarz, A- Frastanz

Canteen, Audi AG
Customer: AUDI AG
Interior designers: Landau + Kindelbacher Architekten - Innenarchitekten
Architecture: Behnisch Architekten / pbr Architekten
Signals: Büro Uebele

LIEN TRAN

Becycle. Boutique Fitness Studio
Project Partners: Götz+Bilchev Architekten, DRAA
Client: BECYCLE GmbH, Gundula Cöllen, Viola Hütten
Flooring: solid wood planks /Classic Oak, 22x225 mm, 1-4 m from Dinesen, screed floor from Estricon Berlin
Wall panels: 0,4mm brass brushed + polished on MDF 19 mm grey, Material ID Frankkfurt
Ceiling system: Knauf Richter System
Lighting: You Turn On Opto from Delta Light, Pantrac from Erco, pendants from Rubn, Linestra von Mawa Design
Furniture: Made.com
Natural Stone: Marble Nero Marquina , Marble Carrara, Slate tile
Wood: Natural Oak, oiled
Sanitary ceramics: iCon/4 U from Keramag
Fittings: Atrio, Eurodisc SE, Rainshower@ Cosmopolitan from Grohe
Soundsystem: Bose
Light switch: Gira

Restaurant Kindai

MATALI CRASSET

La Cantine de la Ménagerie de Verre

Nouvel Odéon

PAULO MARTINS ARQ&DESIGN

Ar Vinhos
Architecture: Paulo Martins
Collaborator: Arq. Sílvia Ferreira

ROCKWELL GROUP

Nobu Dubai

National

RPTECTURE ARCHITECTS

Shukufuku Japanese Bento

Sushi Hub

Suttons Ugg Haymarket

SF JONES ARCHITECTS

Anisette

Bui Sushi

M.B.Post

Greenleaf

Kumo

SHICHIEH LU/CJ STUDIO

Q square Stephane Dou Changlee Yugin

Pamper Heiress

STUDIO 63 ARCHITECTURE + DESIGN

Jacob Cohen Showroom

Novo Shanghai

TIAGO DO VALE ARQUITECTOS

Bottles Congress
Client: Pedro Araújo, Congresso das Garrafas
Construction: Acrescentar / Sá Taqueiro

The Caveman
Architecture Team: Tiago do Vale, Maria João Araújo, with Adele Pinna, Camille Martin
Client: The Caveman
Construction: ARU, Arquitectura e Reabilitação Urbana
Retro furniture: Vintage Alternative Store

WINGÅRDH ARKITEKTKONTOR AB

Mall of Scandinavia

Malmö Market Hall
Client: Annabostäder AB